초급 스페인어 강독

Lecturas en Español Nivel Básico

초급 스페인어 강독

| 한국외국어대학교 스페인어통번역학과 |

HUiNE

머리말

본 증보판에서는 2011년 개정판에 다음과 같은 내용을 덧붙였다.

1. 각 과마다 우리말로 해당 과의 내용과 관련이 있는 역사-문화적인 정보를 추가했다. 이를 통해 스페인과 중남미에 대한 더욱 구체적이고 폭넓은 지식을 얻을 수 있도록 했다. 해당 과의 내용을 이해하는데 많은 도움이 될 것으로 기대한다.

2. 사진 자료를 추가했다. 이전 판에서는 사진 자료가 부족해 해당 과의 내용을 설명할 때 아쉬운 점이 있었는데, 본 개정 증보판에서는 이를 다소나마 해소할 수 있게 되었다. 사진 자료가 없더라도 학교 수업에서는 멀티미디어 기기를 이용해 이 문제를 해결할 수 있으나, 혼자 공부하는 사람들에게는 사진 자료를 추가하는 것이 더 좋으리라고 판단했다. 사진을 사용할 수 있도록 제공하고 허락해 주신 모든 분들께 감사의 말을 전한다.

본래 초판에서부터 과 구성과 내용은 다음과 같은 취지를 염두에 두고 만들었다.

1. 강독 과목은 다른 수업을 통해 연마한 전공 지식들을 취합하여 총체적으로 조율하는 일종의 교향악과 같은 성격의 과목이다.
2. 스페인어의 어휘력과 문법 지식, 정확한 발음, 구문 구조에 대한 분석력은 물론 해당 지역에 대한 전반적인 배경지식까지 익힐 수 있어야 한다.
3. 텍스트의 내용을 올바르게 이해하고 번역하기 위해서는 해당 주제에 대한 지식은 물론 수준 높은 우리말 구사능력까지도 갖추어야 한다.

이러한 기본 편집 방향에 맞추어 모든 과의 내용은 스페인과 중남미에 대한 심도 있는 지역학적 식견과 대학생으로서 갖추어야 할 폭넓은 인문사회학적 교양을 두루 갖출 수 있는 것으로 선별했다. 또한 각 과의 내용을 가장 잘 전달하고 표현할 수 있는 정확하고 수준 높은 스페인어 문장을 구성하기 위해 최선을 다했다.
시간이 지남에 따라 새롭게 제기된 주제들을 다룰 필요성이 대두되어 2011년 개정판에서는 1) 스페인뿐만 아니라 유럽의 문예사조와도 깊은 연관관계가 있으므로 인문학적 소양을 갖추기 위해 반드시 익혀야 하는 주제인 〈La arquitectura I, II〉, 2) 스페인을 대표할 뿐만 아니라 세계 회화사에서도 가장 걸출한 화가로 꼽히는 엘 그레코, 벨라스케스, 고야를 다룬 〈Los tres grandes pintores españoles〉, 3) 최근에 새롭게 화두로 떠오른 주제로서 종교적으로든 개인적 취미로든 많은 사람들이 걷고 있는 〈El Camino de Santiago〉, 4) 중남미와의 교류가 잦아짐에 따라 스페인어뿐만 아니라 원주민어에 대한 관심도 가져야 할 필요가 있다는 의미에서 〈Las lenguas indígenas de América Latina〉를 추가한 바 있다.

본 개정 증보판에서는 여기서 한 걸음 더 나아가 스페인과 중남미에 대한 유용한 정보와 사진 자료들을 추가했으니 많은 이들에게 도움이 되기를 바란다. 이 책을 내기 위해 정성어린 조언과 교정에 참여해주신 한국외국어대학교 스페인어통번역학과의 모든 내, 외국인 교수님들께 깊은 감사의 인사를 전하며 지식출판원 관계자들께도 감사드린다.

2013년 8월
저자 일동

Índice

Lección

01

Los saludos

Lecturas en Español : Nivel Básico

<La tarta>

<Dos besos>

Lección 01

Los saludos

I. Uso de Ser

* ¿De dónde eres? - Soy de Corea. Soy coreano.
* ¿Quién es ella? - Es mi amiga.
* ¿Son ustedes españoles? - No, no somos españoles. Somos mexicanos.
* ¿Cuál es tu nombre? - Mi nombre es Pedro.
* ¿Cómo es él? - Es guapo y simpático.

1.1

Young-ho ¡Hola! Encantado. Mi nombre es Young-ho.

María Mucho gusto. Soy María. ¿De dónde eres?

Young-ho Soy de Corea. ¿Y tú?

María Soy española. ¿De qué ciudad eres?

Young-ho De Seúl, la capital de Corea.

María Yo soy de Toledo.

Young-ho ¿Cómo es Toledo?

María No es grande, pero es una ciudad preciosa.

1.2

Beatriz ¿Cómo es la clase de gramática?

Miguel Es interesante, pero muy difícil.

Beatriz Sí, pero es necesaria para hablar bien.

Miguel Es verdad. Es una clase muy importante.

1.3

Esperanza ¿Es bueno el hotel Plaza?

Esteban Sí, es un buen hotel.

Esperanza ¿Es caro o barato?

Esteban Es un poco caro.

Esperanza ¿Es pequeño?

Esteban No, no es pequeño. Es muy grande.

1.4

Luis ¿Quién es él?

Jaime Es mi profesor de español.

Luis ¿Cómo es tu nueva amiga?

Jaime Es alta, delgada y de pelo rubio. ¡Y muy inteligente!

Luis ¿Cuál es su nombre?

Jaime Cecilia Teresa.

Luis Es un nombre muy bonito.

Jaime ¡Ella también es una chica muy bonita!

II. Uso de Estar

* ¿Cómo está? - Muy bien.
* ¿Dónde está tu escuela? - Está en Seúl, Corea.
* ¿Estás enfermo? - No, no estoy enfermo. Estoy cansado.
* ¿Estás libre esta noche? - No, estoy ocupada.
* ¿Está ocupado el teléfono? - No, está libre.

1.5

Profesor	Buenos días. ¿Cómo estáis?
Estudiantes	Muy bien, gracias. ¿Y Ud.?
Profesor	Bien. Gracias.
	(*Con la lista*) ¿Carlos, dónde está?
Carlos	Aquí, presente.
Profesor	¿Laura?
Carlos	No está. Está en el hospital. Está muy enferma.
Profesor	¡Ay, qué pena!

1.6

Roberto	¿Está libre esta silla?
Elena	No, está ocupada.
Roberto	¿Y esa otra?
Elena	Está libre. Puedes sentarte.
Roberto	¿Dónde está María?
Elena	Ya está sentada allí.

1.7

Camarero ¿Cómo están ustedes?

Sra. López Muy bien, gracias.

Camarero ¿Están contentos con este hotel?

Sra. López Sí, es muy elegante y el servicio es muy bueno.

Camarero ¿Están de vacaciones o de negocios?

Sra. López Estamos de vacaciones.

Camarero ¡Buenas vacaciones!

1.8

Marta Buenos días, señora. ¿Está Juan en casa?

Madre Sí, pero está en la cama.

Marta ¿No está bien?

Madre No, está enfermo.

[… …]

Marta ¡Hola, Juan! ¿Cómo estás?

Juan Estoy resfriado. Y tú, ¿cómo estás?

Marta Estoy bien, gracias. Esta habitación es muy agradable.

Juan Sí, pero soy muy perezoso y siempre está desordenada. ¡Qué frío!

Marta A ver... ¡Hombre! La ventana está un poco abierta.

Juan Sí, es verdad. (*Después de cerrar la ventana*) Ya estoy mejor.

Lección

02

Los lugares

Lecturas en Español :
Nivel Básico

<La frutería>

<La charcutería>

Lección 02

Los lugares

2.1 En la escuela 1

Antonio ¿Hablas español?

Miguel Un poco, pero no muy bien.

Antonio ¿Desde cuándo estudias?

Miguel Desde hace un mes.

Antonio ¿Te gusta estudiar español?

Miguel Sí, me gusta mucho, pero es muy difícil.

Antonio Te comprendo. Al principio hay que aprender de memoria muchas cosas. ¿Con quién aprendes conversación?

Miguel Me enseña un profesor peruano. Es muy exigente, pero simpático.

2.2 En la escuela 2

Luisa ¿Dónde vives?

Jorge Vivo en el Barrio del Pilar, cerca de la estación del metro.

Luisa ¿Entonces siempre vas a la escuela en metro?

Jorge Normalmente, sí. Pero a veces tomo el autobús, porque me molesta cambiar de línea del metro.

Luisa ¿Cuántos minutos tardas hasta la escuela?

Jorge Tardo unos treinta minutos. ¿Y tú, dónde vives?

Luisa Yo vivo en Moncloa, cerca de la escuela, por eso tardo solo diez minutos a pie.

2.3 Entre amigos

Juana ¿Dónde trabaja usted?

Pedro Trabajo en México, soy ingeniero.

Juana ¿Para qué compañía trabaja?

Pedro Soy empresario autónomo.

Juana ¿Cuántos empleados tiene?

Pedro Nueve. Y usted, ¿dónde trabaja?

Juana Soy dentista.

Pedro ¿Dónde está su consultorio?

Juana Está en Guadalajara.

2.4 En la ventanilla de la estación de Atocha

Juan Buenos días. Dos billetes de ida y vuelta de AVE (Alta Velocidad Española) para Sevilla, por favor.

Empleado ¿De qué clase?

Juan Clase turista. ¿Cuánto es?

Empleado Son doscientos euros.

Juan ¿A qué hora parte el tren?

Empleado Parte a las diez en punto.

Juan Muy bien. ¿Hay un restaurante en el tren?

Empleado Claro que sí lleva restaurante.

Juan ¿Cuántas horas tarda hasta Sevilla?

Empleado Dos horas y media, más o menos.

Juan ¿De qué andén parte?

Empleado Parte del andén número tres. Aquí tiene los billetes. ¡Buen viaje!

Juan Gracias. Es Ud. muy amable.

2.5 En la cafetería

Carlos Esta es la cafetería de nuestra escuela. Es grande y agradable. Ellos son camareros. Son muy simpáticos. Ellas son las estudiantes de alemán.

Juan ¿Él es estudiante también?

Carlos No, no es estudiante. Es profesor de francés. Aquí todos hablan en inglés, porque es la lengua internacional. Pero nosotros podemos hablar en español, porque nuestro idioma también es muy internacional. ¡Oiga, por favor!

Camarero Sí, señor.

Carlos Un café con leche para mí, por favor.
Y tú, ¿qué quieres?

Juan Un zumo de naranja y una tarta de queso.

Camarero Muy bien. A su servicio.

(*Después de comer todo*)

Juan ¿Cuánto es?

Camarero Son 3,50 (tres con cincuenta).

Juan Aquí tiene. El vuelto es para Ud., de propina.

Camarero Gracias. Adiós.

2.6 En el mercado

Gerardo Hola, señora. Buenas tardes.

Empleada Hola, muy buenas. ¿Qué desea?

Gerardo Dos barras de pan. Y ¿hay huevos?

Empleada Sí, ¿cuántos quiere?

Gerardo Seis. Y dos muslos y cuatro alas de pollo, por favor.

Empleada Vale. ¿Qué más quiere?

Gerardo Eh, un paquete de mantequilla.

Empleada ¿Grande o pequeño?

Gerardo Grande. Y un poco de jamón serrano, por favor.

Empleada ¿Cuánto quiere?

Gerardo Un cuarto de kilo.

Empleada Muy bien. Aquí tiene. ¿Algo más?

Gerardo No, nada más. ¿Cuánto vale todo esto?

Empleada 10,50 (Diez con cincuenta).

Gerardo Aquí tiene. Adiós. Hasta luego.

파에야

파에야가 스페인에 들어온 것은 8세기 초 아랍인들이 이베리아 반도를 정복한 후이다. 서남아시아, 중앙아시아, 터키, 중동 등에서는 쌀로 만든 요리가 이미 존재하고 있었다. 지역에 따라 이름과 요리 방법이 약간씩 차이가 나지만, 보통 각종 채소와 양이나 소 등의 육류를 기름에 볶은 후 양념을 한 육수를 붓고 꼬들꼬들하게 밥을 짓는다. 아랍인들도 당연히 이와 유사한 요리 방법을 알고 있었을 것이다. 지중해에서는 이것이 더 변화되어 이탈리아에서는 리조토, 스페인에서는 파에야로 발전했다.

파에야의 기원은 스페인에서 쌀이 재배된 시기와 일치한다. 쌀이 유럽에 전해진 것은 알렉산더 대왕이 인도를 정복했을 때로 거슬러 올라간다는 설도 있고 더 이전에 전해졌다는 설도 있다. 그러나 유럽인들의 주 식재료가 아니었기 때문에 큰 관심을 끌지 못했다. 재배되기 시작한 것은 아랍인들이 이베리아 반도에 들어온 이후이다. 뛰어난 관개 기술을 갖고 있었기에 가능했으며, 주로 발렌시아 지방에서 재배되었다. 아랍인들은 10세기 경 사프란도 들여와 재배했다. 이제 쌀과 사프란이라는 두 기본 재료가 완비되고, 여기에 지중해 일대에서 흔히 나는 야채와 해산물이 곁들여지면서 특유의 '발렌시아 파에야'가 탄생하게 된 것이다. 내륙 지방에서는 육류를 더 많이 첨가하기도 한다. 이 재료들을 로마에서 들여온 파텔라(patella)라고 불리는 프라이팬에 넣어 요리함으로써 이름이 파에야가 된 것이다.

요리는 먼저, 크고 얕은 프라이팬에 소고기, 닭고기 등 육류와 양파, 피망, 토마토, 완두콩, 마늘 등의 야채를 취향대로 썰어 넣고 올리브기름에 볶은 다음 소금으로 간을 한다. 적당 양의 물을 붓고 쌀과 해산물을 넣은 후 30분 정도 중불에 끓인다. 스페인에서는 대개 납작한 장립형 쌀을 쓰지만, 동글동글한 단립형도 무방하다. 해산물 중 홍합과 새우는 거의 필수적으로 들어가고, 취향에 따라 오징어, 낙지, 조개 등을 넣으면 된다. 이 때 노란 색을 내는 사프란을 넣는다. 본래는 꽃술을 넣어야 하지만 없으면 색소를 쓰기도 한다. 사프란 대신 오징어 먹물을 넣어 먹물 파에야를 만들 수도 있다. 팔팔 끓으면 약한 불로 줄여 뜸을 들인다. 세계적으로 스페인을 대표하는 음식들 중의 하나이다.

Memorándum

Lección

03

Los servicios

Lecturas en Español : Nivel Básico

<La estación del Metro>

<La cervecería>

Lección 03

Los servicios

3.1 En el banco

Doo-ri Hola, buenos días.

Empleado ¿Qué desea Ud.?

Doo-ri Quiero abrir una cuenta.

Empleado ¿Tiene pasaporte o DNI (Documento Nacional de Identidad)?

Doo-ri Aquí tiene mi pasaporte.

Empleado ¿En qué moneda quiere hacer el ingreso, en euros o en dólares?

Doo-ri En euros.

Empleado Debe rellenar este papel, nombre y apellido, número de pasaporte, dirección, etc.

Doo-ri ¿Me hacen la tarjeta de crédito?

Empleado Lo siento, pero podemos expedirle una tarjeta de débito. Con esta tarjeta puede retirar dinero de cualquier cajero automático, y pagar en todas las tiendas, pero solo dentro del límite del saldo.

Doo-ri Vale, gracias.

Empleado Aquí tiene la libreta. Una firma aquí, por favor. Le enviamos la tarjeta a su domicilio dentro de una semana. Ya está.

Doo-ri Gracias. Hasta luego.

3.2 En la agencia de viajes

Empleada Hola, buenas tardes. ¿Qué desea, señora?

Señora Quiero ir a París la próxima semana.

Empleada ¿En avión?

Señora Sí, en avión, ida y vuelta.

Empleada ¿Qué día quiere salir?

Señora El miércoles por la tarde.

Empleada A ver... sí, el miércoles hay una plaza en el vuelo de Iberia. Sale a las dos de la tarde.

Señora ¿A qué hora llega?

Empleada Llega a las cuatro y media.

Señora Bueno. Quiero reservar un billete para ese vuelo.

Empleada ¿Cuándo quiere volver de París?

Señora El día 7 del próximo mes. ¿A qué hora sale el avión?

Empleada Sale a las nueve de la noche. ¿No es muy tarde?

Señora Un poquito, pero está bien. ¿Cuánto cuesta todo?

Empleada Mil euros. Puede recoger los billetes el lunes.

Señora ¿Puedo pagar ese día con la tarjeta de crédito?

Empleada Claro que sí, señora. Hasta el lunes.

3.3 En el correo

Empleada ¿En qué puedo servirle?

Hye-sim Quiero mandar un paquete a mi país, Corea.

Empleada ¿Cuál es el contenido?

Hye-sim La mayoría son libros, un poquito de ropa y regalos.

Empleada Bueno, primero debe Ud. empaquetarlos.

Hye-sim ¿En dónde puedo hacerlo?

Empleada Allí en el Servicio de Embalaje. Está en la esquina.

(*Después del embalaje*)

Empleada ¿Cómo quiere enviarlo, por avión o por barco?

Hye-sim Por avión, por favor.

Empleada ¿Correo certificado o normal?

Hye-sim Normal.

(*Después de medir el peso*)

Empleada Quince kilogramos. Para Seúl, Corea, ¿no? Entonces, son doscientos euros.

Hye-sim Aquí tiene. Gracias. Adiós.

3.4 Sobre el tiempo 1

Mi-sun Hoy hace mucho calor, pero en mi país hace frío ahora.

Pedro Cuando es verano aquí en Chile, es invierno en tu país Corea, ¿verdad? ¿En qué meses hace fresco en Corea, entonces?

Mi-sun En abril y mayo. También en septiembre y octubre.

Pedro Entonces, en tu país también hay cuatro estaciones como aquí.

3.5 Sobre el tiempo 2

Mi-sun ¿En qué estación llueve aquí en Madrid?

Marisol En invierno.

Mi-sun ¿No nieva en invierno?

Marisol En Madrid, casi no, pero nieva mucho en el norte.

Mi-sun ¿Qué tiempo hace en verano?

Marisol Normalmente no llueve y hace mucho calor.

Mi-sun Entonces, ¿qué estación es mejor para viajar por España?

Marisol Depende. Pero yo prefiero la primavera.

Lección
04

La presentación personal

Lecturas en Español : Nivel Básico

<La entrevista>

<La charla>

Lección 04

La presentación personal

4.1 Presentación 1

Berta ¡Eh, Javi!

Javier Hola, Berta. ¿Qué tal?

Berta Bien. Javi, este es Paco, un amigo mío. (*A Paco*) Este es Javier, o solo Javi.

Paco Hola, ¿qué tal? Encantado.

Berta Paco es mi vecino. Vive en el colegio mayor San Agustín.

Javier Mucho gusto. ¿Qué estudias?

Paco Arquitectura.

Javier Yo estudio Política.

Paco ¿Sí? Un amigo mío también estudia eso. Se llama Pepe. Es un poco moreno y bajo. Tiene el pelo rizado y lleva gafas.

Javier ¡Ah, lo conozco! Es un chico muy estudioso y simpático.

4.1 Presentación 2

Julio Hola. Me llamo Julio. ¿De dónde eres?

Helga Soy de Alemania, de Berlín. Me llamo Helga.

Julio Encantado. Yo también soy extranjero aquí en Madrid. Soy colombiano. ¿Estudias o trabajas?

Helga Estudio Economía en esta universidad. Ahora busco un trabajo a tiempo parcial.

Julio ¡Ah! Yo estudio Derecho y trabajo en una oficina por las tardes. Si quieres, te voy a presentar a mi jefe. ¿Me das tu número de teléfono?

Helga ¿Verdad? Gracias. 012-345-6789.

Julio Mañana te van a llamar por teléfono.

Helga Muchas gracias.

La presentación personal 1

Yo soy So-yun. Estudio español en la Universidad Hankuk de Estudios Extranjeros. Estoy en el primer año. El español es fácil porque tiene solamente cinco vocales. Pero la pronunciación del sonido "erre" es difícil, porque nuestro idioma no tiene tal pronunciación.

Estudio español desde hace solo un mes. Por eso ahora no hablo bien. Pero intento aprender y entender español en todas las clases. Dentro de uno o dos años estoy segura de que puedo expresarme en español. Me gusta mucho estudiar la historia y la cultura de España y de América Latina.

Todos mis compañeros de clase también estudian mucho. Mis profesores, coreanos y extranjeros, nos enseñan con ahínco. Ellos son buenos, pero muy exigentes, por eso no tenemos mucho tiempo libre.

Mi universidad es muy famosa por tener casi 30 departamentos de idiomas extranjeros y enseñar 45 lenguas de todo el mundo. Yo estoy feliz de aprender el español en mi universidad.

La presentación personal 2

¡Hola, amigos! Me llamo Yun-he Lee. Soy estudiante de español de la Universidad Hankuk de Estudios Extranjeros en Corea. Vivo en Seúl. Esta ciudad es muy grande y moderna. Tiene muchos habitantes y mucho tráfico. Soy de Andong. Es una ciudad pequeña, pero muy bonita. Está bastante lejos de Seúl, más o menos a tres horas en autobús.

Soy de estatura mediana con el pelo castaño y los ojos negros. No soy muy extrovertida, pero me gusta mucho hablar con los amigos. En mi familia somos cuatro: mis padres, un hermano mayor y yo. ¡Ah!, tengo una perrita pekinesa en casa. Es como mi hermana menor, por eso somos cinco en realidad. Es una cachorrita muy cariñosa.

En mi universidad muchos estudiantes estudian español. Tengo mucho interés en las antiguas culturas de México y Perú. Algún día quiero ser diplomática y trabajar en los países de habla española, por eso estudio mucho en todas las clases. Estoy encantada de conoceros. Gracias.

La presentación del país

Me llamo Sun-kyoung. Soy de Seúl, Corea. Corea está en el noreste de Asia. China, Rusia y Japón son nuestros vecinos. Como sabéis bien, nosotros los coreanos hablamos coreano y tenemos nuestra propia escritura. La consideramos como una de las culturas más grandiosas del mundo. Seúl es la capital de Corea. Es una ciudad muy grande y moderna. Tiene más o menos diez millones de habitantes. Y tiene mucha historia: es la capital desde hace más de seiscientos años. Por eso hay muchos palacios hermosos en el centro y está bien conservado el barrio antiguo en 'Insadong'. En Seúl hay un río muy grande, que se llama Río Han. Han significa 'grande'. Su anchura es de aproximadamente 1,5 kilómetro. Es fantástico apreciar el paisaje de Seúl en el crucero de noche.

Os recomiendo visitar mi ciudad, en donde podéis gozar de la modernidad, la tradición y el romanticismo oriental al mismo tiempo.

하몬

재료는 돼지 뒷다리이다. 돼지의 종류에 따라 하몬 이베리코와 하몬 세라노로 나뉜다. 검은 색의 이베리아 토종 돼지 뒷다리로 만든 것이 하몬 이베리코이다. 이 때문에 pata negra 라고도 부른다. 흰 돼지의 뒷다리로 만든 것은 하몬 세라노라고 한다. 지역에 따라 자신들만이 간직해온 오랜 제조 비법이 있어 맛과 질이 다양하고 뛰어나다. 스페인의 기후가 여름에도 건조한 탓에 썩지 않고 맛과 신선도가 오래 유지된다.

하몬 이베리코의 제조 방법은, 우선 돼지 뒷다리를 통째로 2주 정도 굵은 소금에 절인다. 이 과정에서 피가 빠지면서 불순물이 제거되고 짭짤하게 간이 밴다. 깨끗한 물로 씻은 후 4~6주 정도 그늘에 널어 물기를 뺀다. 꾸둑꾸둑해지면 다시 건조장으로 옮겨 최소 12개월에서 최장 48개월 간 본격적으로 말린다. 등급은 먹이 종류와 숙성 기간, 육질, 맛, 향 등에 따라 결정된다.

제 1등급은 숲속에 자유롭게 풀어 놓고 도토리와 자연산 풀이나 나무뿌리 등만을 먹여 키운 돼지로 만들며 36개월 이상 말린 것이다. 제 2등급은 곡물 사료를 먹여 키우다가 도축하기 몇 개월 전부터 도토리를 먹여 키운 돼지로 만든 것으로 36개월 이상 말린 것이다. 제 3등급은 곡물 사료를 먹여 키운 돼지로 만들며 24개월 정도 말린 것이다. 최고의 생산지로는 우엘바 지방의 하부고와 살라망카 지방의 기후엘로가 유명하다. 이밖에도 코르도바의 로스 페드로체와 카세레스의 데에사 데 엑스트레마두라도 유명하다.

하몬 세라노는 곡물 사료를 먹여 키운 흰 돼지의 뒷다리로 만든 것이다. 가공 방법은 하몬 이베리코와 비슷하지만, 숙성 장소와 기간이 다르다. 서늘하고 건조한 산 속에서 6~18개월 정도 말린다. 이런 이유로 serrano라는 이름이 붙는 것이다. 그라나다 지방의 드레벨레스 산이 유명하며, 1,200m 이상의 고지대에서 말린다. 아라곤의 테루엘 산은 800m 이상의 고지대에서 말린다.

Lección

05

La vida diaria en el mundo hispánico I

Lecturas en Español :
Nivel Básico

<La librería>

<La biblioteca>

Lección 05

La vida diaria en el mundo hispánico I

5.1 En el campus 1

Raúl ¿Adónde vas, Margarita?

Margarita Voy a la librería. Tengo que comprar un libro de economía.

Raúl Yo necesito comprar un bolígrafo, pero no sé dónde está la papelería.

Margarita Está junto a la librería. ¡Vamos! Te acompaño.

Raúl Gracias. ¡Ya conoces todo el campus!

Margarita Aún no, yo también tengo que preguntar mucho.

5.2 En el campus 2

Felipe ¡Hola, José! ¿Cuántas clases tienes hoy?

José Tengo dos. Una es de gramática española y otra de historia de la cultura europea.

Felipe ¿A qué hora termina tu última clase? Te invito a tomar una copa esta tarde.

José Termina a las cuatro y media, pero tengo que hablar unos minutos con mis compañeros sobre la excursión de la próxima semana.

Felipe Entonces, nos vemos en el bar Planetario a las cinco. ¿De acuerdo?

José ¡Vale! Hasta luego, amigo.

Las cuatro estaciones

Las cuatro estaciones del año son la primavera, el verano, el otoño y el invierno. En España las cuatro estaciones son muy diferentes.

La primavera es la estación de las flores. Es la estación de los jóvenes y, especialmente, de las mujeres. La fruta típica de la primavera es la fresa.

El verano es la estación más caliente del año. Es la época del sol. En esta estación los campos están verdes. El clima es bueno para disfrutar de la playa, la piscina y la montaña. Las frutas del verano son el melón y la sandía.

El otoño es la estación fresca, de mucho viento y de colores variados, como el rojo, el naranja, el amarillo y el marrón. Es la estación de la cosecha. Las frutas del otoño son la manzana, la pera, la uva y el caqui.

El invierno es la estación más fría del año. Los campos son de color blanco o gris porque es la estación de la nieve.

Los árboles, excepto el pino, están sin hojas. Las frutas del invierno son la naranja y la mandarina.

El horóscopo

Aquí está el horóscopo, con información sobre su personalidad oculta.

Capricornio (del 22 de diciembre al 20 de enero)

Usted es una persona muy organizada. Tiene buen sentido del humor y una personalidad muy atractiva. Su color es el verde claro.

Acuario (del 21 de enero al 18 de febrero)

Usted es una persona elegante y creativa. Es un poco idealista y muy independiente. Colores: rosado y blanco.

Piscis (del 19 de febrero al 20 de marzo)

Usted es muy independiente y entusiasta. No es una persona idealista, pero sí muy trabajadora. Color: amarillo.

Aries (del 21 de marzo al 19 de abril)

Usted tiene una personalidad muy expresiva. Es una persona activa, enérgica y un poquito impulsiva. Su color es el rojo brillante.

Tauro (del 20 de abril al 20 de mayo)

Usted es un poco temperamental, pero tiene buen sentido

del humor. Es una persona muy generosa con sus amigos. Colores: café y negro.

Géminis (del 21 de mayo al 20 de junio)

Usted es versátil y muy sociable. No es muy sentimental, pero la familia y los amigos son muy importantes para usted. Su color favorito es el azul.

Cáncer (del 21 de junio al 22 de julio)

Usted es una persona romántica y un poco sentimental, pero también es muy activa y trabajadora. Colores: crema y blanco.

Leo (del 23 de julio al 22 de agosto)

Usted tiene una personalidad agresiva y es persistente en todas sus actividades. Tiene pocos, pero buenos amigos. Color: naranja.

Virgo (del 23 de agosto al 22 de septiembre)

Usted tiene un carácter serio y práctico. También tiene mucha energía. Es una persona muy selectiva en sus relaciones. Colores: café oscuro y verde.

Libra (del 23 de septiembre al 22 de octubre)

Usted es una persona artística y un poco tímida. Es muy jovial y tiene muchos buenos amigos. Su color favorito: azul.

Escorpio (del 23 de octubre al 22 de noviembre)

Usted tiene una personalidad reservada. Es una persona intuitiva, organizada y persistente. Colores: rojo y negro.

Sagitario (del 23 de noviembre al 21 de diciembre)

Usted es muy optimista. También una persona sociable y sincera. También es idealista y un poco impulsiva. Colores: azul oscuro y violeta o morado.

Memorándum

Lección

La vida diaria en el mundo hispánico II

Lecturas en Español :
Nivel Básico

<La cafetería>

<El Estadio Santiago Bernabéu>

Lección 06

La vida diaria en el mundo hispánico II

El horario hispano

El horario español es muy distinto del horario de los otros países europeos. Por lo general los españoles trabajan ocho horas al día, pero dividen la jornada en dos partes. En España, la mayoría de las oficinas, las tiendas y los negocios abren a las diez de la mañana y cierran a las dos de la tarde. Después abren de nuevo entre las cuatro y las ocho. Entre las dos y las cuatro de la tarde los españoles almuerzan y después de comer duermen un rato. Este descanso entre las dos y las cuatro se llama "siesta". Esta tradición de la siesta está desapareciendo en las ciudades y hay muchas tiendas, museos y negocios que no cierran en el horario de la siesta. Al cerrar los negocios alrededor de las ocho de la noche, muchos españoles pasean por el parque o el centro de la ciudad antes de la hora de la cena, que es entre las diez y las once de la noche.

En los países de las Américas el horario es más variable, pero generalmente comen entre el mediodía y las dos de la tarde y cenan entre las siete y las nueve de la noche.

La plaza mayor y los bares

Todas las ciudades españolas tienen una plaza mayor. Generalmente las plazas tienen fuentes, árboles y bancos. Alrededor de la plaza mayor hay una catedral o una iglesia, edificios del gobierno y, en particular, muchos bares. La mayoría de los españoles van a la plaza para descansar y conversar o simplemente para mirar a las personas que pasan. ¡Qué romántico es tomar un café en un bar al aire libre bajo el sol de la tarde! Después de comer, mucha gente sale sola o con amigos a la plaza para disfrutar de este ambiente agradable. En el bar los españoles hablan en voz alta de todo, en particular, de fútbol y de toros. De esta manera, las plazas y los bares son siempre centros de las actividades ociosas de todo tipo: la charla, la copa, el paseo o la fiesta. En los bares famosos se ofrecen muy buenas tapas y vinos. De noche los jóvenes marchan en grupo de bar a bar para picar las tapas deliciosas con una caña.

El deporte de los hispanos

Los dos deportes de mayor popularidad en el mundo hispano son sin duda el fútbol y el béisbol. El fútbol es el deporte favorito de los españoles, los argentinos, los uruguayos y los chilenos, entre otros. España y Argentina están entre los mejores del mundo en este deporte. En particular, Argentina es campeona de la Copa Mundial de Fútbol 1978 y 1986. El mejor jugador en toda la historia del fútbol es Diego Maradona. El béisbol, deporte de origen norteamericano, es muy popular en los países del Caribe: Puerto Rico, Cuba, Venezuela y la República Dominicana. Muchos caribeños ven la Serie Mundial por la televisión o la escuchan por la radio.

El esquí y la natación también son deportes populares entre los hispanos. Muchas personas esquían en Sierra Nevada y los Pirineos, que están en España, y también en la Cordillera de los Andes, en Chile y Argentina. El ciclismo es muy popular en Colombia, México y España. Miguel Indurain es un ciclista español muy famoso. Tiene el récord de cinco victorias en el Tour de Francia.

En todas las ciudades hispanas grandes hay gimnasios en donde es posible nadar, levantar pesas, hacer gimnasia o ejercicios aeróbicos y jugar al raquetbol y al tenis.

En realidad, la pasión por el deporte es un aspecto esencial del carácter hispano.

La Tuna

La Tuna es una institución universitaria de carácter cultural que mantiene vivas las costumbres de los estudiantes españoles del siglo XIII. Al mismo tiempo es una tradición en sí misma y es un punto de encuentro para todos aquellos universitarios amantes del romanticismo, la noche, la música y los viajes.

La vestimenta del tuno es, probablemente, uno de los elementos más representativos y tradicionales de la institución tunesca. Su característico color negro y su llamativo aspecto son muy similares al vestuario de los antiguos estudiantes de las primeras universidades españolas de los siglos XIII y XIV.

En la Tuna hay dos tipos de instrumentos básicos, la guitarra y la bandurria, para acompañar la melodía. Sin embargo, el instrumento más característico de la música es la pandereta, sin ninguna duda. Además de estos instrumentos básicos, se utilizan muchos otros para enriquecer las canciones de la Tuna.

Aunque la Tuna es un fenómeno español, fuera de España también hay muchas Tunas. La mayoría de ellas se encuentra en Portugal y en Latinoamérica, aunque en algunos países europeos también se las puede encontrar. Sus canciones dan la alegría a todos, y provocan la nostalgia y el amor a la cultura tradicional.

춤과 음악

스페인의 대표적인 전통 리듬으로는 플라멩코와 파소 도블레를 들 수 있다. 플라멩코의 기원에 관해서는 집시 기원설, 홍학 관련설, 아랍 기원설 등 여러 가지 설이 있으나 플랑드르에서 유래했다는 설이 가장 유력하다. 노래, 춤, 연주로 구성된다. 손뼉치기와 기타 반주에 맞춰 구사하는 현란한 손동작과 격정적인 발 구르기가 춤사위의 주를 이룬다. 여기에 한 맺힌 노래 가락 또한 듣는 이의 심금을 울린다. 요즘에는 대중 공연을 위해 다양한 악기 연주와 군무도 등장하고 있다. 파소 도블레는 말 그대로 '더블 스텝'이라는 뜻으로 힘찬 행진곡 형식의 리듬이다. 강렬하고 역동적인 것이 특징이며, 투우사가 입장할 때 연주된다.

라틴음악은 주로 아프리카에서 중남미로 강제 이주당한 흑인들을 중심으로 발전한 리듬이다. 요즘은 사교댄스로 널리 보급되고 있다. 가장 대표적인 것이 룸바이다. 16세기경 쿠바에서 발생한 흑인 리듬이다. 여기에서 파생된 것이 맘보와 차차차이다. 맘보는 재즈 리듬이 가미된 것이고 차차차는 봉고나 마라카스로 리듬을 맞추는 것이 특징이다. 살사 역시 아프리카계 쿠바인들이 즐기던 음악이었는데, 1950년대 이들이 미국과 푸에르토리코로 이주해 재즈를 비롯한 미국적 요소들을 섞어 발전시킨 리듬이다. 메렝게는 도미니카에서 발생한 흑인 리듬으로 1950년대 중반부터 널리 알려지기 시작했다. 삼바는 브라질로 강제 이주당한 흑인들이 만들어낸 리듬이다. 현재는 리오 데 자네이로의 삼바축제로 유명하다. 1930년대에 여기서 파생한 리듬이 람바다이다. 탱고는 19세기 후반 아르헨티나로 건너간 유럽 이주민들이 삶의 애환과 향수를 담아 주로 보카 지역의 항구에서 발전시킨 리듬이다. 음악적으로는 쿠바의 하바네라와 밀롱가, 칸돔블레 등의 영향을 받았다고 한다.

Memorándum

Lección

07

España

Lecturas en Español : Nivel Básico

<El Acueducto de Segovia>

<La Plaza de Cibeles>

Lección 07

España

España está en la Península Ibérica, que está al suroeste de Europa. En esta península hay otro país, Portugal. España abarca un 85% de la Península. Los habitantes de España hablan español y los de Portugal portugués. El español, el portugués, el francés y el italiano son lenguas hermanas porque vienen del latín y se llaman lenguas romances. Los antecesores de los españoles son los celtíberos. Los celtas tienen su origen en el norte de Europa y los íberos en el norte de África.

España es un país en donde rige la monarquía constitucional. El jefe del Estado es el rey Felipe VI y dos partidos grandes, el PSOE y el PP, alternan en el gobierno. La superficie es de 505.944km^2 y la población aproximada es de 47 450 000 de habitantes (censo de 2020). El turismo es la industria más desarrollada. La construcción de buques, la aeronáutica y la telecomunicación también son industrias muy importantes. Gracias a ellas, la economía es una de las diez más poderosas del mundo.

España está compuesta de 17 comunidades autónomas. De

Santiago de Compostela
Asturias
Galicia
Cantabria
Bilbao
País Vasco
Valladolid
Burgos
Navarra
Los Pirineos
Río Duero
Castilla y León
Pamplona
La Rioja
Aragón
Salamanca
Segovia
Río Ebro
Cataluña
Zaragoza
Madrid
Río Tajo
Barcelona
Extremadura
Toledo
Cáceres
Castilla-La Mancha
Valencia
Valencia
Albacete
Mallorca
Menorca
Río Guadalquivir
Ibiza
Sevilla
Córdoba
Islas Baleares
Murcia
Andalucía
Granada
Cádiz
Gibraltar(R.U)
Ceuta(Esp.)
Islas Canarias
Melilla(Esp.)
Toide
Tenerife

norte a sur son Galicia, Asturias, Cantabria, País Vasco, Navarra, Aragón, La Rioja, Cataluña, Castilla y León, Madrid, Extremadura, Castilla–La Mancha, Valencia, Murcia, Andalucía, Islas Baleares e Islas Canarias. Además, España posee dos ciudades autonómicas en el norte de África: Ceuta y Melilla. Gibraltar, otra posesión española, está aún en manos de Gran Bretaña.

La capital de España es Madrid. Está situada en el centro, entre las dos Castillas, a unos 630 metros sobre el nivel del mar. Castilla significa la tierra de los castillos y ha sido siempre la región más importante en la historia de España. Por esta razón, su dialecto, el castellano, es la lengua oficial de toda España. Además de una extraordinaria riqueza cultural, artística y monumental, Madrid tiene el carácter de una ciudad cosmopolita, capaz de satisfacer a los visitantes de todos los gustos. Por otra parte, la ciudad conserva sus elementos más tradicionales en el casco antiguo. En esta zona las plazas, las calles y los edificios son muy atractivos para el turista. Asimismo, Madrid es un centro mundial de los negocios.

Otra ciudad importante es Barcelona, que se llama también Ciudad Condal y es la capital de Cataluña. Es la segunda ciudad de España por su población y es el centro industrial de la región norte. Gracias a su desarrollo industrial y a la gran afluencia de inmigrantes del resto de España, Barcelona goza de un alto crecimiento de población. Hoy, la capital de Cataluña es una ciudad bella, artística y original, y también es un centro económico de negocios que posee uno de los puertos más importantes del

Mediterráneo. En esta región se habla un dialecto propio, que es el catalán, además del castellano.

Bilbao también es una ciudad muy importante. Es el centro de la industria y el nacionalismo del País Vasco. Si están el Parque Güel y el Templo de Sagrada Familia en Barcelona, en esta ciudad está el Museo Guggenheim. Este museo suaviza la imagen gris de esta ciudad llena de fábricas. Como en Cataluña, en esta comunidad también utilizan un idioma propio, el vasco o euskera, junto con el castellano. Sin embargo, aún no se sabe bien cuál es el origen de su raza y su lengua. Aunque es muy fuerte el regionalismo en esta ciudad, no hay duda de que es un centro económico del norte de España junto con Barcelona.

Además de estas ciudades vale la pena mencionar Valencia, Sevilla, Toledo, Salamanca entre otras. Todas estas ciudades tienen una larga historia, por eso tienen barrios nuevos con casas y edificios muy modernos junto a barrios antiguos con casas viejas y calles estrechas.

España tiene varios ríos caudalosos y muchas montañas muy altas. Los ríos más importantes son el Duero, el Tajo y el Guadiana, que desembocan en el océano Atlántico, y el Ebro y el Guadalquivir que fluyen hacia el Mar Mediterráneo. Al norte está separada de Francia por los altos Pirineos. La mayoría de los picos tiene más de 3.000 metros de altura. En el sur está Sierra Nevada. Es muy alta también y es famosa porque está cubierta de nieve casi todo el año. Toda la parte central es una meseta grande, rodeada de montañas de unos 2.000 metros de altura. Sin embargo la montaña más alta de España no está en la Península sino en la isla de Tenerife. Se llama Teide y tiene 3.710 metros de altura. La costa del Mar Mediterráneo tiene muchas playas ricas y bonitas. Millones de turistas extranjeros vienen a ellas a disfrutar del sol durante las vacaciones.

Aunque España no es tan grande como los Estados Unidos, Rusia o China, su lengua es una de las más importantes del mundo. Es una de las lenguas oficiales de la ONU y la UE. Hoy día más de 350 millones de habitantes del mundo hablan español, no solo en España y en casi todos los países de América Latina sino también en las Filipinas, Guinea Ecuatorial y en varias zonas de los Estados Unidos. Es una de las lenguas más habladas del mundo, luego del chino y el inglés. La influencia de España y de los países hispanoamericanos en el mundo es enorme en la vida diaria, la música, el arte, la arquitectura y en otros aspectos de la cultura en general. Las relaciones comerciales, políticas y culturales entre los países de habla española y nuestro país son cada día más importantes. Aquí tenemos una buena razón para estudiar el español y todo lo relacionado con España y América Latina.

스페인 문장(紋章)

스페인 국기와 문장의 원형은 전통적으로 전해 내려오던 것을 1785년 카를로스 3세 때 종합한 것이고, 현재의 형태는 1981년 왕령으로 제정된 것이다.

맨 위의 왕관은 스페인의 국체가 왕정이라는 것을 표시한다. 왕관 위의 십자가는 '승리의 십자가'로 코바동가 전투(722년)에서 이슬람 군을 상대로 거둔 승리를 기념하여 908년 아스투리아스 왕국의 알폰소 3세가 오비에도의 산살바도르 성당에 기증한 것이다. 아스투리아스의 대표적인 상징물들 중 하나이다.

왕관 밑 방패 안에는 큰 상징 4개, 작은 상징 2개, 총 6개의 상징이 들어 있다. 이들은 중세 스페인을 형성한 왕국들을 가리킨다. 먼저 성은 카스티야, 사자는 레온, 붉은색 세로 줄무늬는 아라곤, 사슬은 나바라 왕국을 가리킨다. 가운데 작은 원 안에는 세 개의 붓꽃이 들어 있는데, 이는 현 스페인 왕가의 본가인 부르봉 왕조의 앙주 가문 표시이다. 맨 밑의 작은 과일은 석류로 그라나다 왕국을 가리킨다.

방패 양 옆에 두 개의 기둥이 있는데, 이를 '헤라클레스의 기둥'이라고 부른다. 이 기둥에는 각각 plus와 ultra라는 라틴어 글자가 쓰여 있다. 그리스 신화에 따르면 헤라클레스가 모험을 할 때 이베리아 반도 남부를 지나며 길 표시로 두 개의 기둥을 세웠다고 한다. 하나는 지브로올터이고 다른 하나는 세우타이다. 그리고 여기에 '더 이상 나아가지 말라'는 의미의 라틴어 Non plus ultra라는 글을 써 놓았다고 한다. 아마도 선원들에게 '이곳이 세상의 끝이니 더 이상 배를 타고 나가지 말라'는 의미였을 것이다. 그러나 카를로스 1세가 이 상징을 자신의 문장에 차용하면서 Non를 삭제한다. 오히려 신대륙이 발견되었으니 미지의 세계로 '더 나아가라'라는 뜻이다. 이것이 아직도 스페인 문장에 남아 있는 것이다. 이처럼 스페인 국기에 들어있는 문장(紋章) 안에는 스페인의 역사가 고스란히 담겨 있다.

Lección

08

México y Centroamérica

Lecturas en Español : Nivel Básico

<Ciudad de México>

<La Catedral Metropolitana>

Lección 08

México y Centroamérica

El continente americano se divide geográficamente en América del Norte, Centroamérica y América del Sur. Geográficamente México pertenece a América del Norte con Canadá y los Estados Unidos. Es el país de habla española más grande del mundo, tanto por su superficie como por el número de habitantes. El 85% del país es terreno montañoso. La capital, Ciudad de México, está situada en la meseta central del país. Esta meseta está situada a unos 2.000m sobre el nivel del mar y allí vive la mayor parte de la población. México es muy conocido entre nosotros por las antiguas civilizaciones de los mayas y aztecas, y por las hermosas playas de Acapulco y Cancún. Forma una comunidad económica de libre comercio con los Estados Unidos y Canadá (NAFTA) y posee muchos recursos naturales, incluido el petróleo.

En el mar Caribe hay varios países isleños en donde se habla español: Cuba, República Dominicana y Puerto Rico. Cuba es el más grande de ellos y está a unos 145km al sur de Florida. La capital es La Habana. El azúcar y el tabaco son los productos cubanos más famosos en el mundo.

Al hablar de este país aún recordamos al revolucionario

argentino Che Guevara, que aún está vivo en el corazón de todo el mundo como un símbolo de libertad e igualdad.

La República Dominicana está en la isla La Española, que es la primera isla a la que llegan Cristóbal Colón y sus hombres en 1492. Ocupa un 75% de la isla y el resto es de Haití. Su capital es Santo Domingo. En este país, como en Cuba y otros países caribeños, la caña de azúcar es el cultivo principal.

Otro país que vale la pena mencionar es Puerto Rico. Su capital es San Juan. Esta ciudad tiene muy buenas condiciones para la navegación y el comercio, por eso es llamada desde el principio "puerto rico", denominación que luego da nombre al país. En sentido estricto, no es un país independiente. Es un país asociado a los Estados Unidos: los puertorriqueños no poseen pasaporte ni ejército propio, aunque sí pueden formar su propio gobierno. Actualmente el inglés y el español son las lenguas oficiales de este país.

Cuando se habla de los países caribeños, la primera imagen que se nos ocurre es la música: la salsa, el merengue, la rumba, el chachachá, etc. Un gran número de ritmos y bailes que fascinan a todo el mundo tienen su origen en estos países.

Centroamérica es la parte central de América y comprende las repúblicas de Guatemala, Belice, Honduras, El Salvador, Nicaragua, Costa Rica y Panamá. ¿Saben Uds. las capitales? Son Guatemala, Belmopán, Tegucigalpa, San Salvador, Managua, San José, Panamá, respectivamente.

La Cordillera Centroamericana constituye la espina dorsal de esta región que une las dos Américas. El clima de esta región es tropical, pero existe un gran contraste entre la vertiente del Atlántico y la del Pacífico. Esta última goza de un clima más seco y posee suelos más ricos; en tanto que la primera, bajo la influencia de los vientos que soplan del noreste, es mucho más húmeda. Por esta razón, vive menos población en el lado Atlántico. En conjunto, la densidad de población de Centroamérica es superior al resto del continente americano. A pesar de ser una región políticamente fraccionada, los países que la integran constituyen una región con características geográficas y humanas. Esta unidad ha dado origen a la creación del Mercado Común Centroamericano.

De todos los países centroamericanos, Nicaragua es el más grande. La agricultura es la actividad más importante de este país. En Guatemala, Honduras y El Salvador la agricultura también es muy importante. El país menos conocido para nosotros es Belice, que es un país muy pequeño que está situado entre México y Guatemala, en la costa del mar Caribe. Costa Rica es un país pequeño, pero es un buen ejemplo de democracia. La capital, San José, es una ciudad muy moderna, que está situada en el centro del país. En este país hay una montaña alta y famosa que se llama Cerro de la Muerte. Desde su cumbre se pueden ver los dos océanos al mismo tiempo: el Atlántico y el Pacífico. Al sur de estos seis países está la república de Panamá. Este país tiene un famoso canal que une los dos océanos y se llama Canal de Panamá. Cada año miles de buques de todas las naciones del mundo pasan por él, convirtiendo a Panamá en un país geopolíticamente muy importante.

En las costas de estos países abunda toda clase de frutas tropicales. En las mesetas se cultiva el azúcar, la vainilla, el café y la materia prima del chicle. En estos países se han establecido muchas empresas de nuestro país. La mayoría de ellas se relacionan con la industria textil y exportan sus productos a los Estados Unidos y a otros países latinoamericanos. En consecuencia, esta región es importante para nuestro país, porque contribuye mucho a nuestra economía como base de producción y exportación.

Si la espina dorsal de esta región es la Cordillera Centroamericana, la arteria que la comunica es la Carretera Panamericana. Esta carretera nace en México y se extiende hasta Tierra del Fuego. Pasa por todos los países centroamericanos y es un vínculo importante entre la América de habla inglesa y la de habla española. En general la carretera es buena, pero en algunas partes no se encuentra en buen estado a causa de la geografía. Por ejemplo, muchas montañas altas de Costa Rica y los bosques densos de Panamá hacen difícil el mantenimiento de la carretera. Esta Carretera Panamericana es el símbolo del ideal de toda América de llegar a ser una. ¿No quieren Uds. hacer un viaje por esta carretera para abrir su futuro a un mundo desconocido?

아메리카 지명의 기원

'아메리카'라는 지명은 16세기 이탈리아 항해가인 아메리고 베스푸치(Amerigo Vespucci: 1454-1512)의 이름에서 나온 것이다. 스페인 식으로는 아메리코 베스푸시오(Américo Vespucio)이다. 1492년 신대륙을 처음 발견한 크리스토발 콜론은 죽을 때까지 그 곳을 인도의 일부라고 믿었다. 반면에 이 미지의 땅이 인도의 일부가 아니라 당시까지 유럽에는 알려지지 않은 '신대륙'이라는 것을 처음 인지하고 공표한 사람은 베스푸치였다. 이에 흥분한 독일의 인쇄업자 마르틴 발트제뮐러는 1507년 〈세계지 입문〉라는 소책자를 발간하면서 그의 이름을 따 이 신대륙을 '아메리카'라고 부르기 시작했다. 콜럼버스와 거의 동시대에 항해를 했던 베스푸치는 당시 콜럼버스와는 비교도 할 수 없을 만큼 직급이 낮았고 업적도 미미한 항해사였다. 콜럼버스가 한창 항해를 떠나던 시절 그는 세비야에서 겨우 문서나 수발하던 지위였는데, 정보에 정통했던 그가 원 발견자보다 상표등록에서 한발 앞섰던 것이다. 초기 독일의 인쇄물이 유럽에 퍼졌을 때 콜럼버스도 이 사실을 알았으나 당시로서는 저작권이라는 개념도 없었고 자신의 동료인 베스푸치의 고의가 아니라는 것을 알고는 별 신경을 쓰지 않았다고 한다. 그 만큼 특허권 개념은커녕 홍보의 효과에도 무지했고 그 후에 미칠 역사적 파장 또한 짐작조차 못했기 때문에 선수를 빼앗긴 것이다. 현재 그의 이름은 콜롬비아라는 국명과 미국의 주, 대학교 이름 등에서만 쓰이고 있다.

Lección

09

La América del Sur

Lecturas en Español :
Nivel Básico

<El Lago Titicaca>

<Las Cataratas del Iguazú>

Lección 09

La América del Sur

Como saben Uds., América del Sur es un continente muy grande. En ella hay nueve repúblicas en donde se habla español y una, Brasil, donde se habla portugués. Brasil es un país tan grande como los Estados Unidos y comprende casi la mitad del continente.

Colombia y Venezuela están en el norte. Bogotá es la capital de Colombia y Caracas, la de Venezuela. Además de Colombia, que también tiene costa sobre el Mar Caribe, las repúblicas de la costa del Océano Pacífico son Ecuador, Perú y Chile. Quito, Lima y Santiago son las capitales de estos tres países. Como Uds. pueden ver en el mapa, Chile es el país más largo y estrecho del mundo.

Argentina, en el sur del continente, es un país potencialmente muy rico. Buenos Aires, la capital, tiene 13 millones de habitantes y es una ciudad muy elegante y moderna. En la pampa argentina, que es una llanura sin elevaciones de cientos de kilómetros de largo, se cultiva trigo, maíz y soja, que le dan el nombre de 'granero del mundo' al país. En la pampa se cría también mucho ganado vacuno. Como muchos saben, la carne vacuna argentina es una de las más apreciadas del mundo por su sabor.

Caracas
Venezuela
Bogotá
Colombia
Ecuador
Quito
Perú
Lima
Lago
Titicaca
Cordillera de los Andes
La Paz
Bolivia
Sucre
Paraguay
Asunción
Cataratas
del Iguazú
Chile
Santiago
Aconcagua
Argentina
Uruguay
Buenos Aires
Montevideo

El conocido asado, que es la cocción de distintas partes de la vaca a las brasas, es una comida típica argentina y está extendido por todo el mundo.

Uruguay es el país más pequeño de América del Sur, pero su tierra es muy fértil. La tercera parte de sus habitantes viven en la capital, Montevideo. Hay muchas playas bonitas cerca de la ciudad y en la costa del Río de la Plata.

Bolivia y Paraguay son países mediterráneos y no tienen costa. La Paz, capital de Bolivia, es la ciudad que está ubicada a mayor altura del mundo, a 3.660 metros sobre el nivel del mar. Asunción, una ciudad muy antigua, es la capital de Paraguay.

América del Sur tiene tres ríos importantes: el Orinoco, que desemboca en el mar Caribe y atraviesa los territorios de Colombia, Venezuela y la Guyana; el Amazonas, que recorre la selva tropical de mayor superficie del mundo; y el Río de la Plata, que tiene la boca más ancha del mundo (unos 180km). Estos dos últimos ríos desembocan en el Atlántico.

Si la espina dorsal de Centroamérica es la Cordillera Centro–americana, la de América del Sur es la Cordillera de los Andes. Se extiende a todo lo largo de la costa occidental del continente, desde el Mar de las Antillas hasta la Antártida. A la altura de Perú, en Cuzco, se encuentran las ruinas de Machu Picchu, una de las civilizaciones antiguas más grandes del mundo. La longitud aproximada de la Cordillera de los Andes es de 8.000km y su anchura máxima es de 800km. La mayoría de los picos tiene más de 5.000 metros de altura y el más alto de todos es el Aconcagua (6.960m), que está en Argentina y siempre está cubierto de nieve. Una gran parte de los habitantes de Colombia, Ecuador, Perú, Bolivia y Chile viven en las altas mesetas y en los valles de esta cordillera. Es difícil ir de una parte a otra, especialmente si uno tiene que cruzar las montañas.

En la meseta del Altiplano que se ubica en el centro de América del Sur, se halla el lago Titicaca (que significa 'lago de plomo'o 'roca de plomo' en quechua) entre Bolivia y Perú. Por sus dimensiones, es el segundo lago en América del Sur después del Maracaibo en Venezuela; y por su altura, es el lago que se sitúa a mayor altura del mundo, a unos 3.810 metros sobre el nivel del mar. Su superficie es de 8.300 km^2 (cf. Seúl tiene 605,78km^2) y la profundidad promedio vacila entre 140 y 180 metros.

Otro paisaje espectacular del continente son las Cataratas del Iguazú. Las Cataratas del Iguazú están ubicadas en la frontera de Brasil y Argentina, y cerca de Paraguay. El nombre de Iguazú viene del guaraní que significa 'agua grande'. El río Iguazú forma estas cataratas cerca de la confluencia con el río Paraná. Por su caudal (1.750m^3/seg.), figuran entre las primeras del mundo. Las Cataratas del Iguazú están compuestas de unas 270 cataratas pequeñas que se precipitan por un semicírculo de unos 4km de diámetro, pero su número varía según el tiempo. Si llueve mucho, el caudal aumenta y el número de cataratas disminuye, pero en caso contrario, el caudal disminuye y aumenta el número de cascadas. La altura de las caídas oscila de 60 a 82 metros. La más profunda y enorme es la Garganta del Diablo (82m), pero la de San Martín también es un gran espectáculo. Los turistas aprecian las cataratas desde cerca en el lado argentino y tienen una vista de conjunto desde el lado brasileño.

Además de grandes ríos, altas montañas y selvas tupidas, en América del Sur existen también grandes desiertos. El mayor de todos es el desierto de Atacama, que está en el norte de Chile y se extiende a lo largo de la costa hasta Perú. También hay desiertos en Argentina, México y Brasil.

La mayor parte de la población de Argentina y de Uruguay es de tez blanca. Por el contrario, en Ecuador, Perú y Bolivia hay muchos descendientes de indios, especialmente en los pueblos del interior y en las ciudades de los Andes. En Paraguay también hay muchos indios. La mayor parte de los habitantes de Latinoamérica es mestiza, como se denomina a las personas que son mezcla de españoles e indios.

볼리비아

볼리비아의 수도는 두 개다. 하나는 수크레이고 다른 하나는 라파스이다. 16세기 스페인이 정복할 당시부터 지역에서 가장 중요한 도시는 수크레였다. 1898년 내전이 벌어져 수도가 라파스로 부분 이전한다. 사법부는 수크레에 그대로 남았고, 대통령궁과 행정부, 입법부는 라파스로 이전한 것이다. 따라서 수크레는 '헌법수도'이고 라파스는 '행정수도'이다. 인구는 2012년 기준으로 수크레가 약 30만 명 정도인 반면에, 라파스는 도심만 백만이 넘고 외곽 지역까지 합하면 2백만 명이 넘는다고 한다.

볼리비아는 나라도 크고(약 1,098,000km^2) 해발 고도도 높아 신기한 것들이 많은 나라이다. 라파스보다 더 높은 곳에 위치한 도시나 마을들도 많다. 남부의 포토시라는 도시는 평균 고도가 3,900m라고 하니 지대가 조금 더 높은 곳은 4,000m가 훨씬 넘는다는 얘기이다. 과거 은 광산으로 유명한 곳으로 현재에도 약 10만 여명의 주민이 살고 있다. 티티카카 호반에 위치해 있는 코파카바나 역시 해발고도가 약 3,840m에 달한다고 한다. 약 3천 명 정도의 주민이 거주하는 관광도시이다.

과거에 바다였던 곳이 융기해 형성된 호수인 티티카카호는 주변의 눈 녹은 물이 유입되어 담수호가 된 반면에, 같은 시기에 융기된 우유니호수는 바닷물이 증발해 사막으로 변했다. 볼리비아 남동부에 위치해 있으며 면적은 약 12,000km^{2}이다. 사막이라고 하면 보통 모래나 황무지를 떠올리는데, 이 사막은 소금으로 만들어져 있다. 그래서 이름도 '우유니 소금사막'이다. 끝없이 펼쳐진 소금 평원도 신기하지만, 여기에는 귀한 광물 자원들이 다양하게 함유되어 있다니 부럽기도 한 곳이다.

볼리비아는 남미에서 파라과이와 더불어 바다가 없는 나라이다. 그러나 처음부터 바다가 없었던 것은 아니다. 1879~1904년 칠레와의 전쟁에서 패해 태평양을 끼고 있는 지역을 빼앗김으로써 내륙국이 된 것이다. 바다를 잃었지만 아직도 해군은 티티카카 호에 주둔해 있다.

Lección

10

Las fiestas representativas de España

Lecturas en Español :
Nivel Básico

<Los Sanfermines>

<Las Fallas>

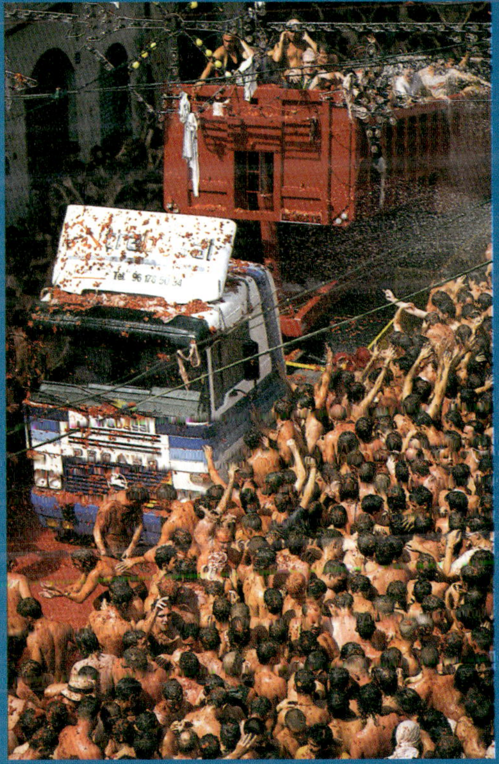

<La Tomatina>

Lección 10

Las fiestas representativas de España

Las Fallas

El 12 de marzo se celebra una fiesta en Valencia para festejar la llegada de la primavera. Esta fiesta se llama las Fallas. Las fallas son muñecos que representan figuras humorísticas y sarcásticas de los políticos, clérigos, damas, actores o algunos personajes famosos. Se hacen en general de cartón o poliuretano sobre una estructura de madera para ser quemadas con facilidad. Se alzan en las plazas y cruces de calles de la ciudad. Algunas pueden alcanzar más de 20 metros de altura como un edificio grande.

Desde el primero de marzo aparecen las primeras piezas falleras y las calles se llenan de gente y truenos de 'mascletàs' o petardos, pero los festejos auténticos son del 12 al 19 de marzo. Durante esta semana fallera las calles viven al ritmo de las cabalgatas, semejantes a los desfiles carnavalescos, donde destacan las figuras disfrazadas, acompañadas con rondallas y grupos de bailes de diversas comarcas regionales. El 15 de marzo se ensamblan las grandes piezas y conjuntos de las fallas. Toda la Valencia no duerme esta noche ni las siguientes hasta la noche del 19, día de San José. Este último día, víspera del equinoccio primaveral arden todas las fallas al mismo tiempo. A partir de las diez de la noche se queman las primeras fallas infantiles, seguidas de las demás a las doce de la noche. Con esta cremación los valencianos despiden el invierno y reciben la primavera con un nuevo ambiente.

Los Sanfermines

Cuando se acerca julio, todo el mundo dirige su atención a una ciudad norteña de España llamada Pamplona. En esta ciudad se celebra una de las fiestas más peligrosas y, por eso mismo, más atractivas del mundo: los Sanfermines. En sus orígenes esta fiesta celebra al primer obispo de esta ciudad, San Fermín, y consigue la fama mundial sobre todo desde su mención por el escritor norteamericano Ernest Hemingway en *El sol también sale*, titulado también como *Fiesta* (1926).

Los Sanfermines empiezan el 6 de julio, en la víspera del día de santo, y duran hasta el día 14. Durante la fiesta, cada mañana tiene lugar el encierro, en que dejan salir a los toros de los corrales para encerrarlos en la plaza de toros. Muchos jóvenes participan en esta carrera, que requiere de velocidad y agilidad para evitar los afilados cuernos del toro.

El gran peligro en el encierro son los turistas extranjeros, que sin dormir tras una noche de juerga o directamente borrachos, se atreven a correr sin miedo. Un buen corredor duerme suficientes horas, se viste de pamplonés –de camisa blanca y un pañuelo rojo en el cuello– y corre lo más recto que puede, vigilando de reojo al toro, sin jamás llamar su atención.

El encierro dura más o menos tres minutos. Salen los toros a las ocho de la mañana y su salida se advierte mediante cohetes: el primero con la apertura de las puertas del corral de toros; el segundo indica que han salido ya todos los toros; el tercero, que todos los toros están en el ruedo de la Plaza de Toros (esto es, que ha finalizado el encierro) y el cuarto, que todos los toros están ya encerrados en los corrales de la Plaza. Durante el recorrido de unos 850 metros, que dura de dos a tres minutos, todo el mundo contiene la respiración y disfruta de este juego peligroso.

Para ser un sanfermín es suficiente solo con llevar un pañuelo rojo. A partir del momento en que se lo anuda al cuello usted es un pamplonés y tiene derecho a divertirse en la fiesta y correr en el encierro. Para participar en el encierro no hace falta ningún documento ni permiso de nadie. Si tiene valor y coraje para atreverse a poner en juego su vida ante los toros, usted puede ser protagonista de las telenoticias de ese día.

Los Sanfermines están jalonados de varios eventos importantes, como el chupinazo o lanzamiento del cohete que señala el comienzo de las fiestas, la procesión de San Fermín el 7 de julio y el desfile diario de gigantes y cabezudos, que son muñecos que representan a los reyes moros y cristianos. Además, corren toneladas de vino por los bares y la música resuena en las calles de la ciudad todo el día sin cesar. Los jóvenes cantan y bailan toda la noche, y por la mañana, aún borrachos, corren otra vez para probar su fortuna ante los cuernos de los toros bravos.

La Tomatina

El último miércoles de agosto hay una guerra en Buñol. Pero en esta guerra no se combate con armas reales sino con tomates. Esta tradición le ha fascinado a todo el mundo durante años y muchas personas vienen a participar en esta fiesta, llamada la Tomatina. El origen de esta tradición se remonta al año 1945. Ahora, a pesar de su corta historia, disfruta de fama mundial.

Este día unas horas antes del comienzo de la guerra, numerosas personas, de distintas partes del mundo, se congregan en las calles de la ciudad con camisetas viejas y esperan la batalla. El Ayuntamiento distribuye unas 150 toneladas de tomates y, con el primer disparo de un cohete, comienza la guerra. Los participantes pueden tirar tomates a cualquier persona o sitio. Aquí no hay amigo ni enemigo. Todas las calles y plazas del pueblo están llenas de gritos y risas de todo tipo. Nadie puede quejarse del 'tomatazo'. Si quiere vengarse, no hay otra manera que atacar a los enemigos con tomates. A este escenario 'muy jugoso' le prestan particular atención los medios de comunicación de diversos países del mundo.

Para mantener el orden y evitar accidentes, todos deben seguir algunas reglas. Son fáciles de cumplir y más fáciles de aprender:

- No está permitido participar con botellas de ningún tipo o con objetos peligrosos.
- No está permitido romper camisetas.
- Los tomates deben ser aplastados antes de ser lanzados para la seguridad.
- Es de suma importancia estar atento al paso de los camiones.
- Al disparo del segundo cohete deben dejar de lanzar tomates.

Aunque la batalla dura solo una hora, todos los participantes se cubren por entero con el jugo y la pulpa de los tomates, y regresan a casa con un recuerdo alegre e inolvidable.

투우

투우의 기원에 관해서는 원시인들의 사냥 모습이 정형화되었다는 설, 로마의 검투시합에서 유래했다는 설, 아랍 기원설 등 여러 가지 설이 있다. 현재와 같이 대중화된 형태가 등장한 것은 18세기 들어서라고 한다. 그 이전에는 주로 궁정의 오락거리로 귀족들 사이에만 성행했다고 한다. 안달루시아의 론다를 중심으로 현재와 같은 규칙이 제정되었다.

투우는 매년 봄 부활절 일요일부터 11월까지 매 일요일마다 개최된다. 목숨을 담보로 진행되는 경기인 만큼 투우사들의 복장과 행동 하나하나에서 엄숙한 분위기가 연출되며 엄격한 규칙에 따라 진행된다. 투우사는 주역인 마타도르(matador)를 중심으로, 소의 목덜미에 작은 작살을 꽂는 반데리예로(banderillero), 말을 타고 창으로 소 등을 찌르는 피카도르(picador), 이들을 돕는 조수역의 페네오(peneo) 등으로 구성된다.

투우에 쓰이는 소는 사납고 영리한 종자를 엄선한 것으로 내보내기 전에 거의 하루 동안 어두운 우리에 가두어 놓는다. 갑자기 환한 곳으로 뛰쳐나와 눈이 부신데다가 투우사가 흔드는 빨간 천의 흔들림에 흥분해서 날뛰게 된다.

한 경기에 3명의 투우사가 교대로 등장한다. 1회전에 한 마리씩 상대한 후 다시 2회전에서 같은 방식으로 한 마리씩 상대한다. 번갈아가며 1인당 2마리의 소를 상대로 투우를 펼치는 것이다. 한 경기는 대개 20여분 소요된다. 모든 세부 과정은 시간제한이 있으며 트럼펫 신호에 맞춰 진행된다.

소와 처음 정면으로 대적하는 이는 반데리예로이다. 소를 향해 달리다가 살짝 비끼면서 양손으로 목덜미에 작살을 꽂아 소를 더욱 흥분시키는 역할을 한다. 다음으로 등장하는 이가 피카도르이다. 갑옷으로 완전 무장한 말을 타고 등장해 창으로 소의 등을 찍어 피를 흘리게 한다. 수 백 킬로가 넘는 소의 힘을 빼서 투우사와 맞서기에 알맞게 만든다. 가끔 소의 힘이 넘쳐 말을 받아 쓰러뜨리는 경우가 있다. 피카도르가 제대로 찌르지 못하면 소는 본래의 힘을 고스란히 갖고 투우사와 맞서게 되므로 투우사의 위험 부담이 커지게 된다. 마지막으로 등장하는 이가 마타도르이다. 힘이 반쯤 빠진 소를 약 10여 분간 물레타(muleta)라 불리는 붉은 천을 이용해 이리 돌리고 저리 돌려 혼을 빼놓는다. 때로는 왈츠를 추듯 우아하게 때로는 격투를 하듯 격렬하게, 각종 기교를 동원해 소를 최대한 자신이 원하는 방식으로 끌고 다녀 지치게 만든다. '진실의 시간'이라고 불리는 최후의 순간에는 소와 정면으로 맞서 긴 칼을 소의 등골에 최대한 깊숙이 박아 넣어 절명시킨다. 이 과정에서 가끔 투우사가 뿔에 찔려 크게 다치거나 심지어는 사망하기까지 한다. 투우사에게는 과감성과 기술의 섬세함, 소를 다루는 능력 등을 종합해 귀 하나에서부터 꼬리까지 상이 수여된다.

투우의 잔인성과 동물학대에 대해서는 과거부터 논란이 있어 왔다. 많은 동물보호단체와 자치단체의 반대로 인해 현재 스페인 내에서도 카탈루냐와 카나리아스에서는 투우가 금지되어 있다. 반면에 전통을 고수하고자 하는 목소리 또한 만만치 않아서 시즌 중 마드리드와 세비야 등 대도시의 투우경기장은 관람객들로 가득 찬다.

Memorándum

Lección

11

Los chicanos

Lecturas en Español :
Nivel Básico

<Los libros del chicano>

Lección 11

Los chicanos

Según el censo oficial de los Estados Unidos realizado en 2019, los hispanos son la primera minoría del país, desplazando a los afroamericanos al segundo lugar. Los hispanos son más de 60 millones de personas y representan alrededor del 18.5 por ciento de la población estadounidense. Esto significa que los Estados Unidos es el segundo o tercer país del mundo con mayor número de hablantes de español. Por el número y la rapidez del crecimiento de esta población, los hispanos están alcanzando una gran influencia política. El español también tiene una importancia absoluta en la sociedad de los Estados Unidos. Más de 80% de los estudiantes estadounidenses de todos los niveles educativos eligen el español como primera lengua extranjera. La importancia e influencia del español en los Estados Unidos está aumentando día a día.

La mayoría de los hispanos son de origen mexicano. Un mexicano– americano que vive en los Estados Unidos, particularmente en el suroeste, es llamado 'chicano'. Además, se denomina chicano al lenguaje hablado en las comunidades del suroeste. El chicano es una variante del español, más exactamente, un dialecto del español mexicano que ha recibido mucha influencia del inglés. Es la forma de expresión de una población que ya no es parte del mundo hispanohablante sino más bien del angloparlante.

El español chicano se ha desarrollado más como una tradición oral que una tradición literaria. La mayoría de los chicanos han recibido poca educación en español, por lo que apenas han aprendido a leer y escribir en español. Han perdido mucho de su cultura, sus costumbres y su tradición lingüística, por eso las generaciones más jóvenes tienen dificultades cuando hablan español y más bien hablan una mezcla del inglés y español.

Aunque el español chicano tiene mucho en común con el español normal, la influencia del inglés es evidente. Se incorporan muchas palabras y frases del inglés y también hay una tendencia a hacer *code–switching*. *Code–switching* es un comportamiento lingüístico típico entre los bilingües. Sucede cuando el hablante está hablando y cambia de una lengua a otra en la misma frase. Normalmente esto ocurre en una situación social y cuando los hablantes saben que todas las personas en el grupo pueden entender las dos lenguas. El cambio más común en *code–switching* ocurre cuando el hablante usa una palabra inglesa en una frase española. Hay tres tipos generales de *code–switching*. Primero, cuando una palabra está insertada en una frase: *Me gusta comer hamburgers*. También se insertan términos técnicos como *truck*, nombres de lugares como *New York* y también nombres personales como *Richard* o *Ricardo*. Un segundo tipo de *switching* es en frases largas cuando cambia del español al inglés o del inglés al español. Un ejemplo es: *¿Are you sure que hay suficiente...?* El tercer tipo de *code–switching* es con el uso de citas directas: *Una vez me dijo mi chamaca, Mami, you go there and order me a hamburger basket deluxe.*

En el vocabulario del español chicano también hay evidencia de la influencia del inglés. Muchas veces son palabras técnicas, nombres, números, exclamaciones o expresiones coloquiales. Algunos ejemplos son:

Inglés	Español normal	Español chicano
bike	bicicleta	baica
brake	freno	breca (o breka, brequa)
cake	pastel	queque
to check	verificar	chequear
to click	pinchar	cliquear
cracker	galleta	craca
to park	aparcar	parquear (o parkear)
pump	bomba	pompa
truck	camión	troca

El español chicano también tiene algunas variantes dentro del lenguaje. En algunas comunidades se oyen distintos estilos de habla realizados por el mismo hablante. Eso ocurre en distintas situaciones sociales. Hay tres tipos o categorías:

1. Caló o Pachuco: se da especialmente dentro de los jóvenes. Es el habla más vulgar y es propia de los hombres.
2. Familiar: es el habla cotidiana que se usa corrientemente.
3. Formal: es el español normal (estándar), que se usa sobre todo cuando hay comunicación con hispanohablantes que no son chicanos.

El español chicano mantiene todas esas características, pero en el lenguaje de las generaciones jóvenes es evidente que hay una pérdida de la tradición. El chicano está muy influido por el inglés y con los deseos de 'americanizarse' el español chicano no es tan usado como en el pasado.

Aunque los chicanos están muy influidos por la sociedad y la cultura americana, se esfuerzan por mantener su identidad, su cultura y su propia lengua. A veces es una lucha dura, pero hasta ahora han tenido éxito.

미국의 남서부 5개 주: 캘리포니아, 뉴멕시코, 애리조나, 텍사스, 플로리다

미국 남서부 지역을 처음 탐험하고 개척한 것은 16세기 초중반 스페인 탐험가들과 선교사들이었다. 대체로 지금의 캘리포니아, 뉴멕시코, 애리조나, 텍사스 등을 아우르는 지역이었다. 로스엔젤레스, 샌프란시스코, 샌디에고, 라스베거스, 산타페, 앨버커키 등 이 지역의 주요 도시들 또한 당시에 스페인인들이 세운 것이고, 네바다, 콜로라도, 몬태나 등의 주명도 스페인어에서 나온 것이다. 이 지역은 1821년까지 스페인의 누에바 에스파냐 부왕령 소속이었다가 멕시코가 스페인으로부터 독립하면서 멕시코 영토가 되었다. 그러나 독립 직후의 혼란기를 틈타 미국인들이 대거 이주하기 시작했다. 1845년 미국인들과 토착 지주들이 결탁해 멕시코 정부로부터 독립을 선언했다. 멕시코는 이들을 지원하는 미국과 전쟁을 치렀다. 1848년 전쟁에서 패한 멕시코는 서쪽에서는 샌디에고 남부의 힐라강과 동쪽에서는 브라보강을 경계로 하여 그 북쪽에 있는 캘리포니아, 네바다, 유타, 뉴멕시코, 텍사스, 아리조나, 콜로라도, 와이오밍, 캔자스, 오클라호마 등에 해당하는 영토를 상실했다. 현재의 멕시코 영토만큼 넓은 지역이고 현 미국 영토의 절반 이상 되는 넓이이다. 그 대가로 미국으로부터 현금 1,500만 달러와 300만 달러의 기존 차관을 경감 받는 것으로 만족해야 했다. 멕시코의 불행은 이것으로 끝난 게 아니었다. 1853년 미국은 남서부 지역에 대륙횡단 철도를 놓는데 필요하다며 다시 멕시코 정부와 영토 협상을 벌였다. 멕시코의 대통령인 산타 안나는 아리조나와 뉴멕시코 남부의 약 76,770km^{2}에 달하는 광활한 지역을 천만 달러에 넘겼다.

플로리다 주 역시 처음 탐사를 시작한 사람들은 스페인 탐험가들이었다. 1513년 후안 폰세 데 레온이 첫 발을 내디뎠다고 한다. 도착한 날이 부활절, 즉 Pascua de Resurrección이었는데 다른 말로 Pascua Florida라고도 했기 때문에 지명이 플로리다(Florida)가 되었다고도 하고, 도착했을 때 꽃이 만개한 풍광이 아름다워 그렇게 불렸다고도 한다. 17세기 들어 영국인들이 북쪽의 버지니아에 정착하면서 스페인인들과 충돌하기 시작했다. 1763년 스페인은 이 지역을 미시시피 동쪽의 영토와 함께 영국에 빼앗겼다. 1779년 미국 독립 전쟁 와중에 잠시 재점령했으나 1821년 미국령으로 편입되었다.

Memorándum

Lección

12

Las lenguas nativas de América Latina

Lecturas en Español :
Nivel Básico

<Los indios>

Lección 12

Las lenguas nativas de América Latina

Cuando los españoles llegaron al continente americano a partir de 1492, descubrieron que existían miles de lenguas nativas habladas por diferentes grupos humanos. Estas lenguas estaban presentes desde el norte de México hasta la punta más meridional de Argentina y en toda la zona del Caribe. A pesar de que muchas de esas lenguas son aún habladas en nuestros días, miles de ellas han desaparecido en los últimos 500 años. Con el correr del tiempo, las lenguas europeas como el español y el portugués se volvieron las lenguas dominantes de México, Centro y Sudamérica. Al mismo tiempo, las lenguas locales o nativas pasaron a un segundo plano, gozan de menor prestigio y están limitadas a contextos bien demarcados. Se hablan preferentemente en las áreas rurales de los diferentes países del continente.

En América Latina existen hoy en día más de 800 lenguas nativas sobrevivientes y hay alrededor de 25 millones de hablantes nativos. Estos idiomas son comúnmente conocidos como lenguas amerindias. Tal vez se podría decir que las más importantes, por su extensión territorial y número de hablantes, son el náhuatl, el aymará (o aimara), el quechua y el guaraní.

El náhuatl, la lengua de los aztecas, es hablado en México y en América Central. Desde el punto de vista tipológico, posee muchos elementos de lengua aglutinante, particularmente en la morfología verbal y en la formación de palabras. Normalmente la palabra modificadora precede a la modificada. Por todo esto, dicen los lingüistas que tiene mucha similitud con el idioma uralaltaico.

El aymará es la lengua del pueblo aymará que habita en la región del lago Titicaca, entre Perú y Bolivia. Es el idioma cooficial junto con el español en estos dos países. En Bolivia es la primera lengua hablada por casi un tercio de la población. Posee muchas características de lengua aglutinante al igual que el náhuatl.

El quechua es la lengua que se extiende por la parte occidental de Sudamérica, en Ecuador, Perú, Bolivia, Colombia, Chile y Argentina. En particular es la lengua más hablada en Ecuador, Perú y Bolivia después del español. Su número de hablantes alcanza aproximadamente a 10 millones de personas. En el siglo XX empezaron a implantar programas de protección de la lengua y en la actualidad se promueve la educación en quechua, principalmente en Bolivia y en partes de Perú y Ecuador. El origen lingüístico del quechua no se conoce con mucha claridad, pero parece haber tenido una relación de hermandad con la lengua aymará. Las dos lenguas comparten gran similaridad en los niveles léxicos y gramaticales.

El idioma guaraní se hablaba en un extenso territorio de Sudamérica, desde Venezuela hasta los Andes, Brasil, Paraguay, Bolivia, y el norte de Argentina. Hoy en día se ha reducido su dominio, pero es idioma oficial junto con el español en Paraguay. Es hablado por alrededor de 4 millones de personas en Paraguay y Brasil.

Un detalle llamativo con relación a la lengua guaraní es el hecho de que los coreanos la aprenden rápida y fácilmente y la hablan con natural fluidez. Pareciera que les es mucho más fácil que aprender el español. Existen innumerables palabras con la sílaba *gwa* ('con') y el adverbio negativo 'no' es también *ani*, como en coreano. Estos son apenas algunos pocos ejemplos de los varios aspectos lingüísticos que comparten estas dos lenguas en común, una asiática y la otra sudamericana. ¿Habrá alguna relación etimológica entre el coreano y el guaraní? ¡Sería interesante averiguarlo!

A partir de la conquista española, muchos vocablos de las lenguas indígenas se han incorporado al español. No es fácil aclarar exactamente de qué lengua han venido estos vocablos, porque existían y existen innumerables lenguas nativas. Los siguientes ejemplos son los incorporados al español: *aguacate, barbacoa, batata, cacahuete, cacao, caimán, cancha, canoa, caucho, coca, colibrí, coyote, chicle, chile, choclo, chocolate, gaucho, guacamole, guagua, huracán, jaguar, lama, maíz, maní, mate, nopal, pampa, papa, pimiento, pulque, quetzal, tabaco, tiburón, tomate*, etc., entre muchos otros.

Además de estas lenguas indígenas que se habla en un extenso territorio o por el gran número de hablantes que poseen, existen otras menos habladas que ellas.

Antes de la conquista española, la lengua chibcha floreció en lo que en la actualidad es Panamá, Costa Rica, Nicaragua, Ecuador, Colombia y el oeste de Venezuela. Es un conjunto de lenguas habladas por los pueblos chibcha. Hoy todavía se habla en estos territorios, pero va disminuyendo su número de hablantes. La lengua mapuche es el idioma de los mapuches, un pueblo amerindio que habita en Chile y en Argentina. Su número de hablantes también está reduciéndose por la invasión paulatina del español y del quechua. Las lenguas caribeñas forman una familia de lenguas habladas por un pequeño número de hablantes en Venezuela, Guayanas, Brasil y algunas partes de Colombia. Las lenguas mayenses, habladas por los pueblos mayas, se extienden en América Central, principalmente en el sureste de México, Belice y Guatemala.

Realmente no se cuenta con suficiente información con respecto a estas lenguas, a pesar de que se nota que existe una gran diversidad lingüística en América. Hasta la actualidad muchos han estudiado las lenguas indígenes de América Latina, pero todavía se necesita más trabajo de investigación para clasificar tantas lenguas autóctonas. Existen demasiadas para poder catalogarlas muy fácilmente. Debido a que muchas de ellas ya se han extinguido o están a punto de desaparecer, se necesita establecer un sistema de protección o de promoción de educación bilingüe.

콘티키호의 항해

1947년 노르웨이의 탐험가인 토르 헤예르달(1914-2002)이 이끄는 일행 총 6명이 발사 통나무를 엮어 만든 뗏목을 타고 페루 해안을 출발했다. 목적지는 남태평양 폴리네시아이다. 이 뗏목의 이름은 '콘티키'. 잉카 제국의 태양신인 비라코차의 다른 이름이다. 고대의 기법으로 만든 뗏목을 타고 바람과 해류만을 이용해 항해했다. 항해의 목적은 남미 고대 문명과 폴리네시아 문명 사이의 교류 관계를 확인하기 위한 것이었다. 4월 28일부터 8월 7일까지 101일 동안 약 7,000km를 무동력으로 항해해 폴리네시아의 투아모투 제도 라로이아 환초에 도착했다. 항해에 성공한 것이다. 남미에서 바람과 해류만을 타고도 폴리네시아까지 갈 수 있다는 사실이 확인됨으로써 남아메리카의 문명이 태평양 여러 섬에 영향을 주었다는 설이 힘을 얻게 된다. 그러나 해안에서 조류를 타기 위해 80km 정도 예인된 후 항해를 시작한 것과 이후의 고고학적 발굴 성과로 인해 아메리카 원주민들의 폴리네시아 이주설은 반론에 부딪혔다. 해안에서 곧바로 해류를 타면 북태평양 쪽으로 떠밀려가며, 발견되는 유적들이 모두 남아메리카 기원설을 뒷받침하는 것은 아니기 때문이라고 한다.

콘티키호는 9개의 발사 통나무를 이용해 전통기법으로 제작되었다. 각 통나무의 길이는 13.7m, 직경은 60cm이다. 이 통나무들을 삼을 꼬아 만든 끈으로 튼튼하게 묶었다. 이 9개의 통나무 판 밑에다 다시 세로로 1m 간격으로 길이 5.5m, 직경 30cm의 통나무를 덧대 보강했다. 상판 중앙에는 사각 돛을 달았다. 안전을 위해 무전기와 라디오, 나침반 등 첨단 장비들을 구비하고는 떠났지만, 작은 뗏목 하나에 의지해 망망대해에 몸을 맡긴다는 것은 콜럼버스나 마젤란에 버금가는 용기가 아닐 수 없었다. 후에 이 탐험에 관해서는 책과 영화로도 소개되었다. 고대 문명 교류의 진위 여부를 떠나, 많은 젊은이들에게 뗏목 하나에 몸을 싣고 망망대해로 탐험을 떠나는 꿈을 심어준 항해이기도 했다.

Memorándum

Lección 13

Dos ciudades de hondas raíces

Lecturas en Español :
Nivel Básico

<Lima>

<La bandera de México>

Lección 13

Dos ciudades de hondas raíces

La Ciudad de México, una leyenda viva

La Ciudad de México o México D.F. (Distrito Federal), como es llamada familiarmente, es una de las ciudades más antiguas de Occidente y una de las más grandes del mundo.

Los orígenes de la Ciudad de México se remontan al año 1325. Al llegar los aztecas o mexicas a la región llamada Anáhuac, descubren un valle lacustre rodeado de cadenas montañosas y altos cerros. En el centro del lago, en un islote, encuentran la visión profética que les ordena establecerse en el lugar: un águila devorando una serpiente en un nopal, que es la imagen que hoy podemos ver en el escudo y la bandera de México. Con el tiempo, los aztecas edifican sobre los terrenos ganados al lago una gigantesca y populosa ciudad llamada Tenochtitlán, corazón y cerebro del imperio más extenso y poderoso de Mesoamérica. Dos siglos después, más exactamente, en 1521, la ciudad azteca cae en manos de los conquistadores españoles, capitaneados por Hernán Cortés.

Debido a que México descansa sobre un antiguo lago, la

ciudad es muy vulnerable a los movimientos sísmicos, como el devastador terremoto que sufre en 1985. Los elevados cerros que rodean la ciudad, impidiendo la libre circulación de los vientos, no ayudan a mejorar los altos niveles de contaminación que soporta la ciudad debido al intenso tráfico automotor.

Se puede pensar que por su latitud (19°N) la Ciudad de México posee un clima subtropical. Sin embargo, su ubicación en una meseta de 2.235 metros sobre el nivel del mar y la accidentada orografía que la rodea la convierten en un sitio de clima seco y moderado (16°C en promedio).

El centro de la ciudad o plaza mayor es el Zócalo, cuyo nombre oficial es Plaza de la Constitución y está considerada como una de las plazas más grandes del mundo, pues tiene capacidad para reunir a 250.000 personas. Se levanta sobre el centro ceremonial de la antigua Tenochtitlán y en la actualidad está rodeada de la Catedral Metropolitana y de varios edificios que son asiento del poder público, como el Palacio Nacional. Las principales calles de México son el Paseo de la Reforma, que es un eje comercial y financiero y atraviesa las zonas más elegantes de la ciudad, y la larguísima Avenida de los Insurgentes (28,8km), que recorre la metrópoli de norte a sur.

La Ciudad de México es una de las ciudades con mayor crecimiento demográfico del mundo debido a la fuerte migración interna proveniente de las zonas rurales y por su alta tasa de natalidad. Hoy en día su población es aproximadamente de 16 millones de personas.

Un artista de fama internacional íntimamente relacionado con la Ciudad de México es Diego Rivera (1886~1957). Junto con José Orozco y Alfaro Siqueiros, Rivera encabeza el llamado Movimiento Muralista. Este movimiento artístico, que comienza en 1922 y se prolonga hasta los años 60, defiende que la forma más alta y pura de la pintura es la mural porque no puede ser convertida en objeto de lucro personal de unos pocos sino que está al alcance de todo el pueblo. Con este espíritu pintan frescos en edificios y zonas públicas ilustrando la historia del país y celebrando los ideales de la Revolución Mexicana.

Lima, ciudad de todos los colores y gustos

La costa peruana es una faja desértica donde desembocan algunos ríos de los Andes. Las ciudades no son más que oasis en ese desierto, y la capital de Perú es un oasis grande.

Lima es una ciudad moderna y tradicional en las orillas del Océano Pacífico. Dentro de la ciudad hay algunas ruinas prehispánicas, muchas calles y casas con arquitectura de la época de la colonia española y también muchos edificios con arquitectura moderna. En este espacio viven peruanos de todas las sangres: indígenas peruanos de color cobrizo, blancos descendientes de los europeos, negros descendientes de los esclavos africanos, amarillos procedentes de Asia y mestizos de todas las razas ya mencionadas. Esta mezcla de colores, formas y culturas le da una imagen de una ciudad variopinta y cosmopolita. Diferente de algunos países asiáticos de influencia confuciana, todos los que nacen en Perú son peruanos sin importar la nacionalidad y raza de sus padres.

"En Lima nunca llueve", dicen los limeños y los visitantes. Apenas una llovizna fina, llamada *gara*, humedece el ambiente desde junio hasta agosto, meses de invierno en el Hemisferio Sur. Por esta razón, para los antiguos peruanos, este valle fue una zona de próspera agricultura.

En los meses húmedos, especialmente, se acostumbra a beber los deliciosos cocteles elaborados con pisco, aguardiente peruano de uva. El coctel de pisco, más conocido como pisco *sour*, se hace con pisco, azúcar, clara de huevo, limón y hielo molido y licuado. El coctel de algarrobina se prepara con pisco, miel de algarrobina, clara de huevo, hielo molido y licuado, y canela en polvo. Estas bebidas son fuertes, pero deliciosas.

Los restaurantes limeños ofrecen comidas para todos los gustos. Los platos típicos que merecen la pena probar son estos: el seviche, que es carne de pescado remojada en jugo de limón con ají, ajo, cebolla y algas y se come con camote, yuca y choclo; el cabrito, un plato del norte peruano que consiste en guiso de carne de cabra tierna con arroz y frijoles; y el anticucho, que son trozos de corazón de vaca sazonados y asados en parrilla. Como los peruanos son amantes de los postres dulces, hay muchos platos como suspiros, arroz con leche, alfajores, mazamorra morada, leche asada, etc.

Los museos limeños presentan bellas y abundantes reliquias de las variadas culturas prehispánicas y de la época colonial. Hay tantos museos que falta tiempo para visitar todos. Algunos museos tienen una sala especial de cerámicas eróticas a donde no se permite el ingreso de los menores si no están acompañados de sus familiares mayores.

La música que se escucha en esta ciudad es también muy variada: música andina, costera, selvática, afroperuana, caribeña y ritmos modernos e internacionales. Hay restaurantes que ofrecen espectáculos de música y baile. Es decir, como en la comida, hay música y baile para todos los gustos. Como todos los pueblos latinoamericanos, los peruanos también gozan bailando.

La palabra Lima procede de la lengua quechua *rimaq* que significa 'hablador'. El río que pasa por la ciudad haciendo bulla, especialmente en los meses de lluvia en los Andes, se llama *Rímac*. Y los limeños que beben el agua de este son también habladores.

옥타비오 파스

1914년 3월 31일 멕시코의 멕시코시티에서 출생했다. 시인이자 외교관으로 활동했다. 19세에 이미 시작(詩作)에서 두각을 나타내 첫 시집인 〈야생의 달〉을 발표했다. 진보 성향의 문인으로 1937년 스페인 내전(1936-1939) 중에 반파시스트 작가회의에 참여했다. 미국과 프랑스 등에서 수학했으며 1946년 외교관으로 첫발을 내딛었다. 제 2차 세계대전 이후에는 파리에서 초현실주의 운동에 참가하기도 했다. 중남미 고대 문명과 스페인의 문명의 혼재로 인한 정체성의 뿌리를 찾고자 노력했으며 인간성 회복을 주창했다. 외교관으로 활동하면서도 꾸준히 작품을 발표했다. 대표작으로는 〈격정의 계절〉, 〈동쪽사면〉, 〈결합과 분리〉, 〈공기의 아들들〉 등이 있다. 1981년 세르반테스상, 1990년 노벨문학상을 수상했다. 1998년 4월 19일 사망했다.

마리오 바르가스 요사

1936년 3월 28일 페루의 아레키파에서 태어났다. 리마의 산 마르코스대학교에서 문학과 법학을 공부했고 마드리드에서 박사 학위를 받았다. 1963년 〈도시와 개들〉을 발표하여 작가로서 명성을 얻기 시작했으며 1966년 홍등가를 배경으로 원주민들을 착취하는 악덕 상인과 군 경비대, 매춘부로 전락하는 원주민 처녀 등을 묘사한 〈녹색의 집〉을 발표하여 세계적인 명성을 얻었다. 1969년에는 <라 카테드랄에서의 대화>를 발표하여 강한 정치, 사회적 비판의식을 보여주었다. 지배계층의 위선과 폭력성, 도덕적 부패를 신랄하게 비판하는 저항 작가로 꼽힌다. 이후 유럽과 미국에서 방송인, 잡지 편집자, 저널리스트, 초빙교수 등 다양한 분야에서 활동했다. 1980년대 중반에 페루의 군사정권으로부터 총리직을 제의받았으나 거부해 국민적 인기를 얻었다. 1990년 대통령 선거에 출마했으나 일본계의 후지모리 후보에게 패했다. 1995년 세르반테스상, 2010년 노벨 문학상을 수상했다.

Memorándum

Lección

14

Dos ciudades para jóvenes pioneros

Lecturas en Español :
Nivel Básico

<Bogotá>

<El Obelisco, Buenos Aires>

Lección 14

Dos ciudades para jóvenes pioneros

Buenos Aires, la perla del Plata

Buenos Aires, capital de Argentina, es una ciudad moderna, cosmopolita y cultural. Ubicada frente al Río de La Plata, el río más ancho del mundo, es una ciudad portuaria, de donde procede el gentilicio 'porteño' que da nombre a los habitantes de esta ciudad. Fundada definitivamente en un segundo intento en 1580, se convierte en la capital del Virreinato del Río de la Plata en 1776.

Buenos Aires y el conurbano tienen hoy casi 14 millones de habitantes y es, sin duda, una de las ciudades más importantes de Latinoamérica. Sus calles trazadas cuadricularmente, con amplias avenidas –dicen que la Avenida de 9 de Julio es la más ancha del mundo–, edificios de gran belleza arquitectónica y muchos espacios verdes, la hacen merecedora del apelativo de 'la París de Sudamérica'.

El centro y casco antiguo de la ciudad es la zona aledaña a la Plaza de Mayo. Siguiendo el modelo urbanístico determinado por España durante la colonización de Las

Indias, la Plaza de Mayo es un solar rectangular, rodeado de edificios emblemáticos como la Casa de Gobierno, la Catedral y el Cabildo. El nombre de la Plaza conmemora la Revolución del 25 de Mayo de 1810, que es el primer paso hacia la independencia del país. Hoy en día es famosa por la manifestación semanal que realizan las madres y abuelas de los niños desaparecidos durante la última dictadura militar. La Casa de Gobierno es la sede del poder ejecutivo de la nación y es conocida por el color de su fachada como la Casa Rosada. Este color simboliza la reconciliación entre dos partidos políticos del siglo XIX; uno de los cuales tenía el color rojo como insignia y el otro, el blanco.

A fines del siglo XIX y principios del siglo XX, Argentina recibe una cantidad ingente de inmigrantes europeos, en su mayoría italianos y españoles. La mayoría de ellos se establece en los antiguos barrios de Montserrat y San Telmo, inmediatos a la Plaza de Mayo. En los conventillos o casas de vecindad, donde se apiñaban los inmigrantes, nace el sensual y atrayente baile del tango

El barrio portuario de La Boca es otra zona relacionada con la inmigración y el tango. Sus casas de chapa y pintadas de colores fuertes testimonian su origen humilde. La calle Caminito, protagonista de una famosa canción de tango, es un museo peatonal desde 1959. Hoy La Boca es un centro turístico, artístico y cultural, donde exponen artistas. Se baila y se canta tango en cada esquina; así como es el barrio de origen de uno de los clubes de fútbol más importantes de Argentina: Boca Juniors.

El símbolo de la ciudad es el Obelisco, levantado en 1936 para celebrar los 400 años de la fundación de la ciudad. Otros sitios que no se pueden dejar de visitar son el Cementerio de la Recoleta, donde se encuentran las fastuosas tumbas de importantes personalidades del país como Eva Perón, y el Teatro Colón, inaugurado en 1908, que aún hoy es uno de los teatros operísticos más importantes del mundo.

Entre los platos argentinos, el asado, que son tiras del costillar de la vaca, es el más famoso, tanto por su sabor incomparable como por su aspecto suculento. Además de la carne, el chorizo y la morcilla, semejantes al "sunde" coreano, también son muy sabrosos.

Esta ciudad es un lugar muy propicio para los jóvenes con sueños y pasiones, porque Argentina es un país que posee un gran potencial en muchos aspectos. Además de un territorio inmenso, la gran cantidad de productos agrícolas y marítimos y la posesión de muchos recursos naturales, este país posee un alto nivel educativo. Los argentinos se destacan en ciencias como la medicina, así como en estudios humanísticos como la literatura y filosofía.

Bogotá, 2600 metros más cerca de las estrellas

La fundación de esta hermosa ciudad data del año 1538, año en que Gonzalo Jiménez de Quesada, conquistador español, manda construir '12 casas y una iglesia' a 2.600 metros sobre el nivel del mar, en una verde sabana limitada por dos majestuosos cerros, Monserrate y Guadalupe, que forman parte de la cadena montañosa de los Andes. En cuanto al nombre de Bogotá, existen varias teorías; una de ellas, la más aceptada, dice que el nombre de esta ciudad viene del vocablo indígena chibcha *bacatá*, que significa 'fin del valle'.

Bogotá, la capital de la República de Colombia es una ciudad cosmopolita, próspera y en constante expansión. Se caracteriza por su riqueza patrimonial arquitectónica y por sus hermosos parques que nada tienen que envidiarles a otras capitales del mundo. En ella se conjugan la arquitectura colonial y la arquitectura moderna y futurista. La primera puede apreciarse en el sector de la Candelaria que es el centro histórico y la memoria de la capital. Entre muchos sitios de interés, merece la pena mencionar la Plaza de Bolívar, que es la plaza mayor. En torno a ella se encuentran la Catedral, uno de los edificios más hermosos de la América Latina y varias entidades administrativas y jurídicas. La arquitectura moderna y futurista está muy bien representada por las modernas edificaciones, como centros comerciales y rascacielos, de la Avenida Jiménez de Quesada.

Bogotá es un gran inventario cultural. Se puede disfrutar de las más variadas exposiciones en más de 42 museos que existen en la ciudad, entre los que se encuentra el Museo del Oro, en donde se expone una invaluable colección de arte precolombino. También se puede apreciar manifestaciones artísticas de danza, teatro y música, que pueden tener lugar en templos y teatros o simplemente deslumbrar con su magia y belleza al público transeúnte en las calles bogotanas. Por otro lado, su amplia red de bibliotecas ha sido catalogada como una de las mejores de Latinoamérica y varios centros de estudios superiores y diversas academias contribuyen a nutrir intelectualmente al mundo. Por todo esto y mucho más, esta ciudad es llamada 'La Atenas Sudamericana'.

Colombia goza de una fama mundial en la producción de la esmeralda (80% de la producción mundial) y del café. Aunque aún tiene una mala imagen por la droga y la guerrilla, y no está muy desarrollada la industria, ciertamente es una tierra de oportunidades. Su gran superficie, sus muchos recursos minerales y la expansión paulatina de su clase media hacen atractivo a este país para los jóvenes con espíritu de desafío.

Siendo el único país latinoamericano que participó en la Guerra Civil Coreana con las fuerzas aliadas, Colombia es especialmente querido en Corea.

체 게바라

본명은 에르네스토 게바라 데 라 세르나이다. 1928년 5월 14일 아르헨티나 로사리오의 유복한 백인 가정에서 태어나 부에노스아이레스 의대를 졸업한 전도유망한 젊은이였다. 두 번에 걸쳐 남미 일주 여행을 떠났다. 여러 나라를 돌아보며 동포들의 처참한 상황을 목도하고 중남미가 처한 가난과 착취 구조에 대해 고민하기 시작했다. 이를 타개하고자 편안한 현실과 보장된 미래를 버리고 반미 투쟁에 나섰다. 억압받는 민중들을 위해 자신을 바치기로 결심한 것이다. 이 이야기는 2004년 〈모터사이클 다이어리〉라는 영화로도 만들어졌다. 1953년 과테말라 혁명에 참가했으며 1956~1959년에는 쿠바에서 카스트로와 함께 반미 혁명을 이끌었다. 여기서도 역시 성공한 혁명 지도자로서의 보장된 미래를 마다하고 다시 1965년 콩고로 1966년에는 볼리비아로 건너가 반미 무장 혁명을 주도했다. 1967년 10월 9일 볼리비아에서 정부군과의 교전 끝에 체포되어 사살되었다. 자유와 이상, 억압받는 민중을 위해 죽음을 마다하지 않고 온몸을 던진 투사의 표상으로 여겨진다. 볼리비아의 한 공동묘지에 묻혔다가 1997년 쿠바의 산타클라라 묘지로 이장되었다.

페르난도 보테로

1932년 4월 19일 콜롬비아의 메데인에서 태어났다. 화가이자 조각가이다. 보고타의 국립미술대학, 마드리드의 아카데미아 산페르난도, 피렌체의 아카데미아 산마르코 등에서 수학했다. 이후에는 미국, 프랑스, 독일, 이탈리아 등 전 세계를 누비며 전시회를 열었다. 그림에서든 조각에서든 등장인물이나 대상을 실제보다 매우 풍만하게 묘사하는 것이 특징이다. 동시에 현란한 색채의 향연을 펼친다. 얼굴은 대체로 무표정하고 정지된 듯한 느낌을 준다. 그러나 감상하는 이에게 친근감을 주고 미소를 짓게 한다. 그 자신은 이렇게 묘사하는 이유를 '예술이 자연을 왜곡시키는 것이 싫어서'라고 했다고 하지만, 특유의 유머 감각을 통해 현대의 정치적 권위주의와 찌그러진 사회상을 풍자하고 있는 것으로도 해석된다. 특히 다빈치의 〈모나리자〉나 라파엘로의 〈젊은 여인의 초상〉, 벨라스케스의 〈스페인 정복자의 자화상〉 등 옛 거장들의 작품들을 패러디 한 것을 보면 그의 독창성과 상상력에 절로 머리가 숙여진다. 중남미를 대표하는 현대 미술의 거장이다. 대표적인 조각품으로는 〈말 탄 남자〉, 〈새〉, 〈거울을 든 여인〉 등을 들 수 있다.

Memorándum

Lección

15

Cristóbal Colón y el descubrimiento de América

Lecturas en Español : Nivel Básico

<Cristóbal Colón>

<El Monumento a Colón, Barcelona>

Lección 15

Cristóbal Colón y el descubrimiento de América

Acerca del nacimiento de Cristóbal Colón, hay dos teorías. La primera es que nació en Génova, Italia, en el año 1451 como hijo de un comerciante muy pobre y tuvo que trabajar desde muy joven. Es la teoría convencional que se conoce en general. La otra es que nació en Barcelona en una familia aristocrática judía. Que supo leer y escribir no solo el castellano sino el latín y que aún se quedan muchas informaciones de su familia y sus hermanos se muestran como pruebas de esta teoría. De todos modos, desde joven hizo varios viajes por el Mediterráneo como marinero. En Portugal se casó y vivió durante muchos años. Su esposa murió en Lisboa al poco tiempo de tener un hijo. Desde Lisboa navegó hasta Irlanda e Islandia. A la vuelta, concibió la idea de llegar a las Indias –como se llamaba entonces a Asia– sin seguir la ruta de África, pues desde que el navegante portugués Bartolomé Díaz había llegado al Cabo de Esperanza en 1488, esta ruta por mar era exclusiva de Portugal.

En el siglo XV, las Indias eran un territorio importante para los europeos, porque eran ricas en especias, algunas de ellas muy estimadas, como la pimienta. Además, los relatos del veneciano

Marco Polo, que en el siglo XIII había ido por tierra a ese territorio, fascinaban a los occidentales. En aquellos años cuando aún era imposible llegar a las Indias en barco, el comercio de las especias estaba en manos de los árabes y venecianos, y muchos reyes europeos querían explorar una ruta alternativa, puesto que este comercio significaba una inmensa riqueza.

En el siglo XV, aún se creía que la Tierra era plana. Sin embargo, Colón había estudiado a los geógrafos griegos, algunos de los cuales, como Ptolomeo, estaban seguros de que la Tierra era esférica. Siguiendo esta teoría, Colón afirmaba que navegando siempre en la misma dirección –hacia el oeste– se podía llegar a las costas de las Indias.

En 1484, Colón solicitó ayuda al rey de Portugal para realizar sus planes, pero fue rechazado. Dos años después Colón llegó a España dispuesto a pedir apoyo a los reyes españoles. La reina Isabel la Católica le escuchó y quiso ayudarle, pero como estaba empobrecida por la lucha contra los moros en Granada no pudo hacer nada. Colón tuvo que esperar en España y allí tuvo una amante que le dio un hijo, Fernando. Este segundo hijo fue después su biógrafo. Colón regresó a Portugal y pidió de nuevo ayuda al rey portugués, y como tampoco volvió a encontrar apoyo esta vez, envió a Inglaterra a su hermano Bartolomé, pero el monarca inglés tampoco se interesó en sus planes.

En 1491, Isabel recibió de nuevo a Colón, pero la Junta que ella y el rey Fernando habían formado para estudiar sus planes rechazó el proyecto. En 1492, ya rendida Granada a los españoles, la reina decidió auxiliarle de todos modos. Siguiendo los deseos de Colón, lo nombró almirante, virrey y gobernador vitalicio de todos los territorios por descubrir. Los preparativos del viaje se realizaron en el puerto de Palos de la Frontera. Finalmente, el 3 de agosto de 1492 partieron del puerto tres carabelas, Santa María, la Niña y la Pinta, con una tripulación total de ciento veinte hombres.

Después de sesenta y nueve días de navegación, el 12 de octubre, cuando los marineros desalentados y temerosos se negaban a proseguir el viaje, uno de los hombres divisó una isla. Desembarcaron en ella y Colón le dio el nombre de San Salvador, en agradecimiento a Dios por haberlos guiado sanos y salvos a ese lugar. Colón y sus hombres se maravillaron con el color de los pájaros y de las flores, con el verdor de los árboles y con los indígenas que encontraron. Siguiendo hacia el sur, descubrieron Cuba. Exploraron sus costas y pasaron más de un mes navegando hacia el este. El 5 de diciembre, en su camino de regreso a España, encontraron la isla de Haití, que llamaron La Española. Por creer que había llegado a las Indias, Colón llamó indios a los habitantes de aquellas islas. De aquí partieron rumbo a Europa, después de dejar cuarenta y cuatro hombres en tierra, los tripulantes de la carabela Santa María, que se había destrozado frente a la costa norte de La Española. Estos hombres construyeron un fuerte llamado Navidad. Colón los dejó encargados de buscar oro y explorar la isla.

Cuando Colón arribó a Lisboa el 4 de marzo de 1493 y contó su aventura, los portugueses, que estaban celosos del éxito de Colón, quisieron encarcelarle. Al llegar al puerto español de Palos comenzó su momento más glorioso. Le recibieron los Reyes Católicos, que le trataron con grandes honores y lo ayudaron a organizar otro viaje para convertir a los indios al catolicismo y colonizar las tierras descubiertas. En poco más de seis meses, con el apoyo real, Colón salió de España en su segundo viaje (1493). La expedición estaba compuesta de diecisiete barcos, 1.500 personas entre colonos, tripulantes, varios nobles, cinco frailes, además de muchos víveres, granos, semillas, caballos, cabras, etc. A su llegada a La Española, encontraron el fuerte destruido por los indios. La mayor parte de los expedicionarios se establecieron en esta isla, mientras él continuaba sus viajes exploratorios, descubriendo Jamaica. Cuando regresó a La Española se encontró con una revuelta de los colonos, una parte de los cuales decidieron regresar. Colón tuvo que volver entonces a España para informar personalmente de la situación.

Aceptadas sus explicaciones por los Reyes, organizó su tercer viaje (1498). Sin embargo, en este viaje tampoco pudo hallar las especias ni el oro que tanto anhelaba. En su lugar, llegó a la desembocadura del río Orinoco y se convenció de haber llegado a tierra firme. Algunos nobles envidiosos organizaron una segunda rebelión en La Española, negándose a someterse a la autoridad de Colón. Los Reyes Católicos enviaron un delegado, quien despojó a

Colón de su autoridad y lo envió a España encarcelado. En España, los Reyes lo liberaron y le pidieron disculpas por el maltrato, pero convencidos de que Colón había fracasado como virrey, no le devolvieron sus cargos políticos. En cambio, le estimularon a continuar su labor exploradora.

Colón preparó entonces una nueva expedición (1502) con el fin de descubrir un paso para seguir yendo hacia el oeste. Costeó Honduras, Nicaragua, Costa Rica y Panamá, pero no consiguió el paso que buscaba. Al regreso de su cuarto y último viaje (1504), Colón estaba triste y desanimado. La reina Isabel, que había sido siempre su protectora, acababa de morir ese mismo año.

Poco después, Colón falleció en Valladolid el 20 de mayo de 1506, ignorado por todos y en la más absoluta pobreza. Nunca supo cuál fue la magnitud real de su empresa. Murió sin saber que había descubierto un inmenso y nuevo continente, lo cual era algo mucho más importante que un camino más corto a las Indias. Acorde a este triste final, no se sabe exactamente dónde descansan sus restos. Algunos opinan que están en Sevilla y otros, en Santo Domingo, la República Dominicana. Para colmo, el continente americano no lleva el nombre de Colón sino el del navegante italiano Américo Vespucio (1454~1512), debido a que fue este quien manifestó por primera vez que esas tierras no eran las Indias sino un nuevo continente.

토르데시야스 조약

1494년 6월 7일 스페인의 토르데시야스에서 대서양 상의 영토 분쟁을 해결하기 위해 스페인과 포르투갈 사이에 맺어진 조약이다. 1492년 콜론이 아메리카를 발견하자, 스페인과 포르투갈 사이에는 이 신대륙의 소유권을 둘러싸고 다시 해묵은 영토분쟁이 촉발되었다. 문제의 발단은 우선 1479년 9월 4일 '대서양 상에서 카나리아 제도는 스페인령으로, 마데이라, 아조레스, 카보베르데, 기네아 등은 포르투갈령으로 인정하며, 앞으로 남쪽에서 발견되는 지역도 포르투갈의 영토로 인정한다'는 것을 주요 내용으로 하여 양국사이에 체결된 '알카소바스 조약'이다. 당시 대서양 탐사는 포르투갈 주도 하에 아프리카 서부와 그 연안 지역에 집중되어 있었기 때문에 포르투갈의 기득권과 향후의 권리까지 인정해준 것이었다. 이 조약에 따르면 신대륙이 카나리아 제도 남쪽이냐 아니냐 하는 것이 문제가 된다. 아프리카는 아니지만, 어쨌든 대서양 상에서 일어난 일이었기 때문이다. 또 하나의 문제는 콜론이 리스본으로 귀환해 포르투갈 국왕에게 먼저 탐험 상황을 보고한 것이다. 이에 포르투갈은 이 조약을 근거로 신대륙이 자국 영토라고 선수를 치고 나온 것이다. 콜론은 한 달 후(4월 3일)에야 스페인 국왕을 알현했다.

양 국 간의 분쟁을 해결하기 위해 교황 알렉산더 6세는 1493년 '베르데 곶에서 서쪽으로 100레구아(1레구아=5.57km) 떨어진 지점, 즉 서경 38도 지점을 기준으로 서쪽은 스페인령, 동쪽은 포르투갈령으로 정한다'는 것을 주요 내용으로 합의안을 제시했다. 이는 다분히 스페인의 입김이 강하게 작용한 결과였다. 포르투갈이 항의하자 양국은 1494년 6월 7일 스페인의 토르데시야스에서 '기준선을 베르데 곶 서쪽 370레구아, 즉 서경 43도 37분'으로 수정한 내용의 조약을 체결했다. 이것이 '토르데시야스 조약'이다. 그 결과 현재의 브라질 일부가 포르투갈령이 된 것이다. 이후 브라질은 팽창을 거듭해 남미의 거의 절반을 차지하고 있다.

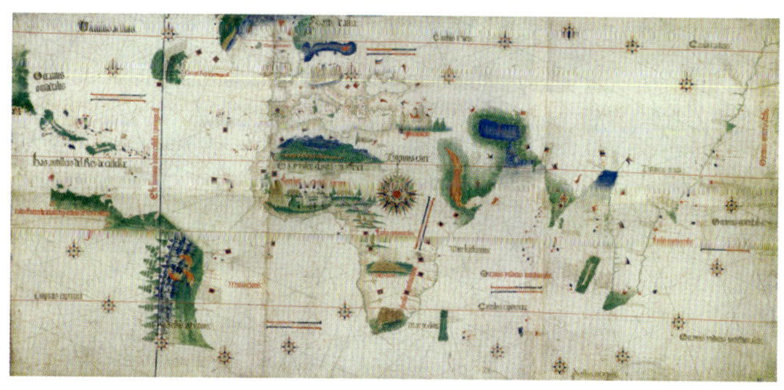

Lección

16

Los tres grandes pintores españoles

Lecturas en Español :
Nivel Básico

<El Museo Nacional Centro de Arte Reina Sofía>

<El Museo del Prado>

Lección 16

Los tres grandes pintores españoles

El Greco

Doménikos Theotokópoulos (1541-1614), llamado El Greco, nació en Creta, Grecia, donde vivió hasta los 26 años. Su primera formación pictórica naturalmente tuvo influencia del estilo bizantino. Luego, estudió diez años en Italia, desde el año 1567. Primero se perfeccionó en Venecia, asumiendo el estilo de Tiziano y Tintoretto, y después en Roma, estudiando el manerismo de Miguel Ángel.

La pintura de El Greco se caracteriza por la búsqueda de la belleza en relación con lo espiritual. Esto hace que sus obras se llenen de personajes alargados y elegantes, que llevan ropas de brillantes colores. Los colores se combinan en sus cuadros de forma que dotan a las escenas de una sensación de irrealidad.

En 1577 el pintor se instaló en Toledo, España, que a partir de ese momento y hasta su muerte fue su ciudad. De ahí su sobrenombre, El Greco, debido a que vino de Grecia. En España realizó casi todas sus obras de madurez. En sus primeras obras en España se apreciaba la influencia de sus maestros italianos. Sin embargo, pronto evolucionó hacia un estilo original caracterizado por sus figuras manieristas extraordinariamente alargadas, delgadas, fantasmales, muy expresivas, en ambientes indefinidos y una gama de colores buscando los contrastes.

El caballero de la mano en el pecho (1580) es uno de sus retratos que se considera como símbolo del caballero español del Renacimiento por los elementos como la rica espada, la mano en el pecho llevada con gesto solemne, la relación que el caballero establece con el espectador mirándole a los ojos, etc.

Su obra maestra es *El entierro del conde de Orgaz* (1587). El cuadro representa las dos dimensiones de la existencia humana: abajo la muerte, arriba el cielo, la vida eterna. El pintor se luce plasmando en el cuadro lo que constituye el horizonte cristiano de la vida ante la muerte. En esta obra están presentes todos los elementos del lenguaje manerista del pintor: figuras alargadas, cuerpos vigorosos, escorzos inverosímiles, colores brillantes y ácidos, uso arbitrario de luces y sombras para marcar las distancias entre los diferentes planos, etc. En la actualidad esta obra se encuentra en la Iglesia de Santo Tomé de Toledo.

Diego Velázquez

Diego Rodríguez de Silva y Velázquez (1599-1660) fue un pintor barroco, considerado uno de los máximos exponentes de la pintura española y figura de la pintura universal. Nació en Sevilla y desde niño empezó a recibir una importante formación pictórica en el taller de Francisco Pacheco, un famoso pintor y teórico de elevado nivel intelectual. El período sevillano se caracteriza por los temas que llamamos de costumbrismo y naturalismo tenebrista.

En 1623 se trasladó a Madrid, donde fue nombrado pintor de cámara por parte del rey Felipe IV en 1628. En la corte se dedicó a pintar retratos del rey y de su familia, y otros cuadros para decorar las mansiones reales. En 1628 se encontró con Rubens en Madrid, que estuvo de visita en España para realizar gestiones diplomáticas. Decidió entonces viajar a Italia para completar sus estudios.

Entre 1629 y 1631 Velázquez recorrió Italia por primera vez y tuvo oportunidad de ver importantes obras de los maestros italianos como Tiziano, Tintoreto, Miguel Ángel, Rafael, etc., lo que produjo un cambio definitivo en su estilo. Pasó del tenebrismo a un estilo más luminoso. *La fragua de Vulcano* (1630) fue el mejor ejemplo para apreciar esta evolución.

De 1631 a 1649 produjo muchas obras y varió de temas; además de los retratos reales, pintó sobre temas de historia. A este período corresponde *La rendición de Breda (o Las lanzas)* (1634-1635), sobre un episodio de la guerra de España con los Países Bajos.

En 1649-1651 Velázquez realizó un segundo viaje a Italia con el fin de adquirir pinturas y esculturas antiguas para el rey. En aquel entonces pintó *Venus del espejo* (1650).

Desde 1651 hasta su muerte, en 1660, Velázquez realizó sus mejores retratos y sus obras magistrales *La familia de Felipe IV* (1656), conocida como *Las Meninas, y La fábula de Aracné* (1657), conocida como *Las hilanderas*. *Las Meninas* representa a diversos miembros de la corte, entre los que se encuentran el propio pintor y las meninas de la infanta Margarita, protagonista de la obra. El rey Felipe IV y la reina aparecen reflejados en el espejo del fondo.

Francisco de Goya

Francisco de Goya y Lucientes (1746-1828) nació en Fuendetodos, un pequeño pueblo de la provincia de Zaragoza. Empezó la pintura en el ámbito estilístico del barroco tardío. Por el progreso lento de su aprendizaje y por ser de clase media nadie le reconoció. Por eso se acercó con intención a Francisco Bayeu, pintor de la corte de Carlos III. Con su protección y ayuda viajó a Italia en 1770, donde trabó contacto con el incipiente neoclasicismo. Se casó con su hermana, Josefa Bayeu, en 1773.

En 1775 se trasladó a Madrid, donde comenzó una nueva etapa como pintor real. Iba ganando reputación como un excelente retratista por parte de la corte y la alta sociedad. En 1789, a sus cuarenta y tres años, y tras la subida al trono del nuevo rey Carlos IV, fue nombrado pintor de cámara del rey. En 1792 realizó un viaje a Andalucía y en el trayecto contrajo una grave enfermedad, saturnismo o plumbosis –tal vez por la sífilis– a consecuencia de la cual estuvo al borde de la muerte. Logró sobrevivir, pero quedó sordo. A partir de ese momento miró al mundo que le rodeaba con cierta desconfianza e incluso resentimiento.

En 1800 pintó el retrato, *La familia de Carlos IV* (1800), donde el pintor reveló de manera muy realista el libertinaje y la incapacidad de la familia real. En este período Goya realizó otras dos pinturas magistrales del neoclasicismo: *La maja desnuda* (1790-1800) *y La maja vestida* (h.1802-1805). En el año 1808 los españoles empezaron la Guerra de la Independencia contra los ejércitos franceses y lograron expulsarlos de su tierra. Como recordatorio de esta guerra, Goya realizó en el año 1814 dos obras monumentales: *El dos de mayo de 1808 y El tres de mayo de 1808 (o Los fusilamientos en la montaña del Príncipe Pío).*

Por el avance de su enfermedad el ambiente pictórico iba transformándose a la etapa llamada 'Pinturas negras' (1819-1823). *El perro semihundido* (1819) es una de las pinturas de esta etapa y se considera como precursora del expresionismo pictórico y otras vanguardistas del siglo XX. En el año 1824 Goya fue al sur de Francia y el día 16 de abril de 1828 murió en Burdeos, a la edad de 82 años.

파블로 피카소

1881년 10월 25일 스페인 말라가에서 태어났다. 어려서부터 미술에 뛰어난 재능을 보였다고 한다. 14살 때 바르셀로나로 이주했다. 마드리드에 있는 왕립미술학교에 입학했으나 규칙에 얽매인 생활을 거부하고 중퇴했다.

19세 때 파리로 건너 가 자유로운 분위기 속에서 모네, 르느아르, 고갱, 고흐 등의 영향을 받았다. 그러나 파리에서의 생활은 생각만큼 화려하지 않았다. 자신을 둘러싸고 있는 몽마르트 주변의 환경은 추위와 배고픔, 더러움과 질병의 연속이었다. 친구가 자살해 충격을 받기도 했다. 그 자신도 자살을 결심했었다고 한다. 당시 그렸던 그림에는 어둠침침한 청색이 주조를 이루는데, 이는 자신의 처지와 주변 현실의 참상에 대한 관념이 반영되었기 때문이라고 한다. 이 시기를 '청색시대'라고 한다. 1903년 그린 〈인생〉이 대표작이다.

1904년 올리비에라는 여인과 연예를 하면서 색조가 밝게 바뀌었다. 이른바 '장미빛 시기'이다. 차츰 마티스, 세잔느 등과 교유하며 파리 화단에서 명성을 얻어 갔다. 아프리카 미술의 영향을 받아 〈아비뇽의 처녀들(1907)〉을 그린 것도 이 당시이며, 입체분석적인 경향이 나타나기 시작했다. 화폭에는 다섯 명의 아가씨가 등장한다. 그런데 생긴 것이 종래의 그림들과는 달리 이상하다. 정면을 보고 있는데 코의 옆모습이 보인다. 눈과 발의 모습도 기괴하고 전체적으로 몸의 각도도 이상하다. 쭈그리고 앉아 있는 여인은 등을 보이고 있는데 얼굴은 정면을 응시하고 있다. 예전에는 못 보던 표현 기법이다. 드디어 미술에 '입체'라는 개념이 등장한 것이다. 한 대상을 보는 데 여러 개의 시각이 동시에 개입하기 시작한 것이다. 입체파라는 현대 미술의 새로운 문이 열린 것이다. 이후 신고전주의, 사실주의, 초현실주의 등의 기법을 소화하며 점차 자신만의 입체주의 기법을 완성해 나갔다. 가장 대표적인 작품은 1937년에 그린 〈게르니카〉이다. 스페인 내전에서 독일 공군이 바스크의 작은 마을인 게르니카를 폭격했다는 소식을 듣고 그 참혹한 광경을 그린 것이다. 회색이 주조를 이루는 가운데 무차별 폭격의 잔혹성과 전쟁의 비인간화를 냉정하고 예리한 시각으로 그리고 있다. 색채는 회색과 검은 색, 흰색만이 쓰였다. 그림에는 비행기도 폭탄도 보이지 않는다. 직접적인 학살 장면도 보이지 않는다. 그러나 섬뜩하다. 대상 표현은 입체파 기법의 걸작이다. 세계 미술사에 일찍이 없었던 새로운 사조를 스스로 열고 완성한 것이다.

한국전쟁에 관해서 그린 작품도 있다. 〈한국에서의 학살(1951)〉과 〈전쟁과 평화(1952)〉이다. 1973년 4월 8일 프랑스 남부의 작은 도시 모갱에서 세상을 떠났다.

Memorándum

Lección

17

Las antiguas civilizaciones de América

Lecturas en Español : Nivel Básico

<Uxmal>

<El Templo de Kukulkán, Chichén Itzá>

Lección 17

Las antiguas civilizaciones de América

Existen varias teorías para explicar el origen de los indios americanos. La teoría más segura es que muchos milenios antes del Descubrimiento, llegaron a este continente contingentes de primitivos habitantes de Asia. Estos hombres, probablemente cazadores, pasaron el estrecho de Bering y fueron poblando poco a poco la distancia que hay desde Alaska hasta la Patagonia. La mancha mongólica de los bebés indios es una evidencia de esta teoría. Otros investigadores afirman que llegaron desde la Polinesia, arrastrados por las corrientes marinas del Océano Pacífico. La leyenda de la navegación de la balsa 'Kontiki' y las gigantescas estatuas en la Isla de Pascua (Chile) pueden considerarse como pruebas de esta teoría. Por último, hay investigadores que piensan que los indios son habitantes autóctonos del continente.

En cualquier caso, los tres pueblos indígenas más adelantados en los tiempos del Descubrimiento eran los aztecas de la meseta mexicana, los mayas de la península de Yucatán y los incas de Perú.

Los aztecas

Estos indios ocupaban el territorio del valle central de México y tenían la capital de su imperio, que ellos llamaban Tenochtitlán, en medio de un lago ya desaparecido llamado Texcoco, que estaba donde se levanta hoy la Ciudad de México. Al parecer, llegaron a esta región a principios del siglo XIII. Tras someter a los toltecas, que eran los habitantes primitivos del lugar, se encontraban en pleno proceso de expansión cuando llegaron los españoles en el siglo XVI.

El Imperio Azteca estaba organizado en forma de confederación y lo regía un gobierno teóricamente democrático, formado por el emperador y un consejo supremo. El pueblo elegía a los miembros del consejo y estos elegían al emperador. Los sacerdotes les seguían en importancia. El pueblo azteca era esencialmente religioso y su religión requería sacrificios humanos para la complacencia de sus dioses. Las víctimas eran jóvenes agraciados, valerosos, escogidos desde un año antes entre los prisioneros de guerra.

Los aztecas tenían bien definidos los rangos de su sociedad, que estaba formada por los nobles, los sacerdotes, los militares, el pueblo y los esclavos. La economía se basaba en la agricultura colectiva de las tierras que estaban en propiedad de los clanes.

No tuvieron una escritura totalmente desarrollada sino una

escritura pictográfica. Su literatura, por lo tanto, aunque abundante, era solo oral, y de este modo fue transmitida a los españoles. Su lengua era la náhuatl, todavía hablada profusamente en algunos estados de México.

Los mayas

Se desconoce el origen de este pueblo. La historia de la civilización maya se divide en dos etapas: Viejo y Nuevo Imperio. Durante el Viejo Imperio, entre los años 317 y 889 d. de C., alcanzaron su máximo esplendor, cuando estaban asentados en la región llamada El Petén, hoy parte de Guatemala. La ciudad de Chichen–Itzá, que está al norte de Yucatán, fue edificada en esta época, siendo luego abandonada y reconstruida varias veces.

La etapa del Nuevo Imperio comienza alrededor del año 900, cuando los mayas se trasladaron a Yucatán, donde fundaron flamantes ciudades y desarrollaron una nueva cultura basada en los indios toltecas, superiores a ellos en varias actividades. Juntos edificaron la ciudad de Uxmal tan bella que maravilló a los conquistadores con la majestuosidad de la arquitectura maya, caracterizada por la ornamentación abundante y la armonía de las líneas. Uxmal fue la ciudad más hermosa de esta época.

Los mayas poseían, como los cristianos, la idea del cielo y del infierno, y una teoría sobre el origen de la tierra, según la cual existieron varios mundos que terminaron con un diluvio. Igual que los aztecas, los mayas eran esencialmente religiosos, pero no ofrecían sacrificios humanos a sus dioses excepto en tiempos de verdadera crisis, especialmente cuando necesitaban lluvia.

En realidad, los mayas fueron el pueblo más adelantado de todo el continente en la época de la conquista. Llegaron a crear su propia aritmética simbólica, que incluía el cero, y tenían un calendario solar superior al que utilizaban los europeos de esa época. Disponían también de observatorios astronómicos para realizar sus estudios celestiales. Tenían tal conocimiento del universo que podían predecir los eclipses con toda exactitud. El libro *Popol Vuh* es una relación de su concepto de la formación del universo y del origen del hombre.

Los mayas usaban una escritura jeroglífica e ideográfica y, como los aztecas, conocieron el papel. Habían creado algo parecido a los libros de hoy; eran largas tiras de papel escrito, que envolvían en forma de acordeón, con cubiertas generalmente muy ornamentadas, hechas de madera. Estos libros fueron quemados por los españoles en su empeño de eliminar las ideas paganas y facilitar la imposición del catolicismo.

Los incas

La civilización incaica ocupaba una vasta zona que se extendía desde el sur de la actual Colombia hasta el norte de Argentina y Chile. La mayor parte de los indios que formaban este imperio era de origen quechua, y a los reyes y a sus familiares, por ser de sangre noble, les llamaban 'incas', a quienes los quechuas creían hijos del sol. Los españoles llamaron incas a cualquier miembro de este imperio y esta denominación errónea perdura hasta hoy en día.

Se desconoce su origen exacto, pero se estima que los primeros habitantes proceden del lago Titicaca y se instalaron en el valle de Cuzco, donde construyeron inmediatamente una ciudad del mismo nombre. La ciudad sagrada, rodeada de fortalezas protectoras, fue más tarde la capital del imperio. Sometiendo nuevos pueblos, los incas extendieron rápidamente su territorio, el cual estaba perfectamente comunicado por medio de un sistema de rutas, puentes y canales que se conectaban entre sí.

Desconocieron la escritura, pero utilizaban los 'quipus', cuerdas con nudos de color, forma y tamaño diferentes que servían para comunicar noticias y realizar cuentas. La aritmética, la geometría y la arquitectura estaban muy desarrolladas, y su medicina tenía un nivel tan alto que se realizó la trepanación craneana. Efectuaban amputaciones y utilizaban anestésicos.

La religión ocupaba un puesto importante entre los incas. Aunque tenían varios dioses, por encima de todos prevalecía el culto al sol, al cual le ofrecían sacrificios de animales, ofrendas de objetos preciosos y, muy raramente, sacrificios humanos.

De los incas se conservan en la actualidad las ruinas monumentales de Cuzco y Machu Picchu.

고대 문명의 수수께끼: 나스카 라인과 모아이 석상

나스카 라인은 페루의 나스카 문화(100~800)가 남긴 유산으로 리마 동남쪽 약 370km 지점에 위치해 있다. 높고 건조한 분지 위에 원숭이, 도마뱀, 벌새, 거미, 고래, 나무, 펠리컨, 우주인 등의 모양과 삼각형이나 사다리꼴 같은 기하학적 도형 등 수 백 개의 그림이 땅바닥에 그려져 있다. 바닥의 자갈을 긁어내는 방식으로 그린 것이다. 넓은 지역에 산재해 있고 길이가 100m 넘는 것들도 있어 비행기를 타지 않고서는 전체를 조망하는 것이 불가능하다. 비와 바람이 적은 이 지역의 독특한 기후 덕에 수 세기 동안 보존되었다고 한다.

그런데 고대인들은 가까이에서는 무슨 모양인지 잘 분간이 되지 않는 이 문양들을 왜 그린 것일까? 하늘로 올라가야만 볼 수 있는 이 거대한 문양들을 땅 위에만 있었던 고대인들이 어떻게 이렇게 정확하게 그릴 수 있었을까? 이 그림들을 그린 목적은 아직까지도 수수께끼로 남아 있다. 1994년 유네스코 세계유산으로 등록되었다.

모아이란 칠레 령인 파스쿠아 섬에 있는 인면석상이다. 섬 이름은 원주민어로는 라파 누이, 영어로는 이스터라고 한다. 1722년 부활절에 네덜란드의 탐험가인 로게펜이 이 섬을 발견한 데서 이 이름이 붙여졌다고 한다. 주로 해안선을 따라 섬 전체에 약 천여 개의 석상들이 흩어져 있다. 크기는 2m 남짓한 것부터 20m가 넘는 것도 있다. 무게도 보통 수 십 톤에 달한다. 13~16세기 사이에 만들어진 것으로 추정되는데, 누가 왜

이 많은 거대 석상들을 만들었는지는 수수께끼이다. 재료는 주변의 화산암을 가져다 쓴 것이라고 하는데, 제작 방법에 대해서도 의견이 분분하다. 백인들이 처음 이 섬에 들어왔을 때는 수 천 명의 원주민들이 살고 있었는데 이후 전염병과 노예사냥 등으로 급격히 줄어 19세기 후반에는 겨우 100여 명 정도만이 살아남았다고 한다. 이 석상에 대해 말해 줄 수 있는 원주민이 사라진 것이다. 오늘도 석상들은 영원의 비밀을 간직한 채 묵묵히 수평선만 바라보며 무언가를 기다리고 있다. 1995년 유네스코 세계유산으로 등록되었다.

Lección

18

La conquista de México

Lecturas en Español :
Nivel Básico

<Koatlicue>

<Quetzalcoatl>

Lección 18

La conquista de México

A principios del siglo XVI, ya se sabía en Europa que en la península de Yucatán y en el interior de México había imperios muy ricos y desarrollados. En 1514 el gobernador de Cuba era Diego Velázquez de Cuéllar (1460~1524). Él había participado en el segundo viaje de Colón (1493) y organizado la frustrada expedición de Yucatán en 1517. Un año después, en 1518, organizó una nueva expedición capitaneada por su cuñado Hernán Cortés (1485~1547) para explorar la península de Yucatán.

Sin embargo, Cortés, anheloso de mayores éxitos que Velázquez, decidió en secreto explorar el interior de México. Enterado de su plan, Velázquez decidió quitarle el mando de la expedición, pero ya era tarde, porque temiendo eso mismo, Cortés abandonó las costas de Cuba apresuradamente el 10 de febrero de 1519, desobedeciendo las órdenes de Velázquez. La expedición de Cortés estaba formada por doce naves, en las que iban unos quinientos soldados, ciento nueve marineros, unos doscientos indios de Cuba, varios esclavos negros, dieciséis caballos y diez cañones de bronce.

Cortés recorrió las zonas que habían explorado Córdoba y Grijalba un año antes y fundó la ciudad de Veracruz. Poco tiempo después, se internó resueltamente en tierras de México. Aprovechando el odio suscitado por los aztecas entre las tribus sometidas, pactó a veces con ellas por un lado, las combatió por otro, pero siempre utilizó la intriga para sacar provecho y ganar su acceso a Tenochtitlán.

Acompañaban a Cortés dos personajes que fueron indispensables para realizar su sueño de conquista. Uno de ellos era el intérprete español Juan de Aguilar, que había sido prisionero de los indios por muchos años y conocía la lengua maya. El otro, aún más importante e indispensable, fue Marina, una india azteca a quien encontró en Tabasco que también hablaba la lengua maya. Marina fue la amante de Cortés. Estaba siempre con él y le acompañaba a todas partes. De Cortés tuvo un hijo que inició el mestizaje que después se multiplicó en la América hispana. Por medio de Marina, Cortés supo del odio y las rivalidades entre las tribus, de los planes y estrategias de lucha de los indios y del poderío y la riqueza del pueblo azteca.

Tras muchos quebrantos, al fin llegó Cortés a Tenochtitlán e hizo prisionero al emperador Moctezuma, que le había recibido con grandes honores y halagos en su propio palacio. Los aztecas creían en Quetzalcoatl, una divinidad que tenía la forma de una serpiente emplumada. La leyenda decía que este dios educador y promovedor de la civilización volvería en forma de un hombre alto, blanco y barbudo para gobernar el Imperio. Cortés conocía esta leyenda y la usó para su propio provecho. Moctezuma, que estaba librando innumerables guerras con las tribus vecinas, acogió con honores a Cortés creyendo que era Quetzalcoatl que venía a auxiliarle. Esta fue la razón por la que solo un puñado de hombres lograron conquistar tan fácilmente un poderoso imperio compuesto de cientos de miles de habitantes.

Moctezuma cayó prisionero, pero Cortés lo dejó vivir en el palacio y conservar todo su prestigio. Los súbditos de Moctezuma, sin embargo, desconocían su condición de preso. Estando en esta situación, Cortés lo utilizaba para gobernar a los indios. Así iba Cortés dominando a los súbditos del imperio, cuando le llegaron noticias muy desagradables: Velázquez, que no se resignaba a ser burlado por su antiguo subordinado, enviaba una expedición para someterlo y proseguir la conquista bajo su propio nombre. Cortés salió entonces de Tenochtitlán dejando en su lugar a Pedro de Alvarado. En Veracruz derrotó al enviado de Velázquez y los nuevos expedicionarios pasaron a engrosar las tropas de Cortés.

Con su ejército reforzado regresó a Tenochtitlán, dispuesto a someter el Imperio de una vez por todas, pero la mala política de Alvarado en Tenochtitlán, que había ordenado matar muchos indios nobles, había disminuido el prestigio de Moctezuma, que estaba atado de pies y manos y no podía ayudar a los suyos. Viendo su pasividad, y sin saber que era impuesta, se sublevaron los súbditos contra él y se dispusieron a la lucha. Moctezuma quiso aplacarlos desde un balcón del palacio, pero una lluvia de piedras le derribó. Moctezuma murió tres días después, más que por las heridas, a causa de la profunda tristeza que le invadió. Los españoles no pudieron sostenerse contra los amotinados y se retiraron en la noche del primero de julio de 1520. A esa noche la llamaron la 'Noche Triste'. Meses después, en 1521, Cortés regresó, atacó Tenochtitlán y logró vencerla aprovechando la confusión de los indios.

La conquista de México, la Nueva España de aquel entonces, le dio a Cortés la gloria y las riquezas que anhelaba, pero no le duraron mucho tiempo. Poco tiempo después, fue acusado a causa del conflicto con Velázquez y del mal tratamiento a los indios. En 1528 fue desposeído del gobierno de Nueva España, pero apeló a Carlos V, quien le reconoció sus logros y lo recompensó con títulos y tierras. Sin embargo, Cortés estaba rodeado de demasiados enemigos y envidiosos, quienes hicieron todo lo posible para provocar su ruina. En 1530 regresó a Nueva España y se refugió en Cuernavaca, a 50km al sur de la Ciudad de México, desde donde continuó sus expediciones, llegando en una de ellas hasta la Baja California (1536). En 1540 llegó un nuevo virrey hostil a Cortés, por lo que este volvió a España. Rodeado de conspiraciones y acusaciones, se alejó de la corte y vivió sus últimos años en la pobreza. Finalmente murió en 1547, olvidado y triste, a la edad de sesenta y dos años.

Quetzalcoatl y Tezcatlipoca

Quetzalcoatl significa en la lengua nauhatl 'serpiente emplumada'. Para los aztecas, adoradores del sol, representaba el sol diurno y las fuerzas del bien. Por el contrario, Tezcatlipoca, que significa 'espejo humeante', representaba el sol nocturno y era, por tanto, señor de la oscuridad, la muerte y la destrucción. Eran las divinidades principales de los toltecas, un pueblo que floreció en la meseta mexicana entre los siglos IX y XII hasta que llegaron los aztecas. Según el mito, Tezcatlipoca, envidioso de Quetzalcoatl, que era un dios que predicaba la austeridad y la templanza, utilizó la magia negra para embriagarlo y hacerle cometer incesto con su propia hermana. Avergonzado de quebrantar sus propios principios, Quetzalcoatl se alejó del reino en una balsa en dirección al este. Los toltecas, y luego los aztecas, creyeron firmemente que esta divinidad volvería de la misma dirección que había partido, reencarnado en forma de un hombre blanco, barbudo y de ojos azules. Por esta razón, los aztecas recibieron con alegría a los conquistadores españoles, confundiéndoles con enviados de su dios. Por otra parte, según el calendario azteca, el año 1519 en que llegó Cortés correspondía precisamente con el año que el mito había augurado para la vuelta de Quetzalcoatl.

테오티우아칸

해발 약 2,300m의 멕시코 중앙 고원지대에 건설된 고대 도시이다. 멕시코시티에서 북동쪽으로 약 50km 떨어진 곳에 위치해 있다. 정확하게 언제 건설되었고 언제 왜 멸망했는지에 대해서는 알려진 바가 거의 없다. 유적지의 건축 양식, 재료, 기법, 기타 출토되는 유물, 타 부족들의 이동 시기 등을 종합해 추측할 뿐이다. 기원전 수세기 경부터 이 지역에 사람이 살았으리라고 추정되지만, 도시의 기반이 갖추어진 것은 대략 기원전 3세기경이라고 한다. 기원후 7세기경까지 번성했다. 멸망 원인에 대해서도 전쟁, 화재, 자연재해 등 여러 가지 설이 제기되고 있지만 정확하게 밝혀진 것은 없다. 유적지의 규모로 보아 전성기 때의 인구는 약 20만 명에 육박했을 것으로 추정된다고 한다. 도시가 워낙 거대해 일부만 발굴되어 있다.

테오티우아칸은 치밀하게 설계된 계획도시이다. 도시 한복판에는 길이 약 5km, 폭 약 40m에 달하는 넓은 중앙도로가 자리 잡고 있다. '망자의 길'이라고 불린다. 이 도로를 중심으로 많은 피라미드, 사원, 광장, 주택 등의 석조 건축물들이 들어서 있다. 가장 눈에 띄는 것은 '태양의 피라미드'와 '달의 피라미드'이다. '태양의 피라미드'는 바닥 한 변의 길이가 230m, 높이 66m, 계단 수만도 250여개로 이루어져 있다. 중남미에서 가장 큰 피라미드

로 꼽힌다. 춘분과 추분 때는 정면이 정확하게 태양을 향하도록 설계되어 있다고 한다. '달의 피라미드'는 '망자의 길' 맨 끝에 위치해 있다. 바닥 한 변 길이가 146m, 높이는 46m 정도 된다. 이곳에서 유골이 다량 발견되어 인신공양 의식이 거행되었던 곳으로 추정된다. 그 위에 올라가면 '망자의 길'을 중심으로 전개된 도시 전체가 한 눈에 들어온다. 창조의 신인 '켓살코아틀'을 모시던 신전도 있다.

이처럼 거대한 도시와 문명을 일구었던 부족은 7세기경 자취도 없이 모습을 감추었다. 이들의 뒤를 이어 톨텍인들이 중앙 고원지대에 들어와 이른바 '톨텍문화'를 이루었다. 13세기경 톨텍인들의 뒤를 이어 아즈텍인들이 들어와 현재의 멕시코시티 자리에 정착했다. '테오티우아칸'이라는 이름을 붙인 것은 바로 이들이다. '신들의 도시'라는 뜻이다. 이 도시를 발견했을 때 이 정도로 화려하고 웅장한 도시는 인간이 아니라 신이 만든 것이라고 생각했기 때문이라고 한다. 중앙도로도 주변의 건물들을 무덤으로 착각해 '망자의 길'이라고 이름 붙였다고 한다. 테오티우아칸에서 신성시되던 '켓살코아틀'은 톨텍인들을 거쳐 아즈텍인들에게 전해지며 계속 최고의 신으로 추앙받았다.

Memorándum

Lección

19

La conquista de Perú y de Ecuador

Lecturas en Español : Nivel Básico

<Cuzco>

<Machu Picchu>

Lección 19

La conquista de Perú y de Ecuador

Francisco Pizarro nació en 1476 en Extremadura, en el seno de una familia de escasos recursos. Soñando como otros conquistadores y expedicionarios con alcanzar grandes riquezas y poder en el nuevo continente, Pizarro cruzó el océano y llegó en 1502 a La Española. Participó en la expedición de Ojeda a las costas de Colombia (1510) y estuvo con Núñez de Balboa cuando este descubrió el Océano Pacífico (1513). A partir de 1519 fue alcalde de la recién fundada Panamá. Allí tuvo noticias de la conquista de México de Cortés y escuchó rumores acerca de la incalculable riqueza del Imperio Inca de Perú. Decidió entonces organizar una expedición de exploración y para ello solicitó la ayuda de los hombres ricos del lugar. Fracasados dos intentos expedicionarios frente a la costa de Ecuador y ante la negativa del gobernador de Panamá de apoyarlo, Pizarro se fue a España (1528) y obtuvo la ayuda real. Allí se entrevistó con Hernán Cortés, quien le aconsejó cómo luchar contra los indios.

En 1530 salió de Panamá con rumbo al Imperio Inca con casi doscientos hombres y varias docenas de caballos. Al término del viaje, desembarcó en Ecuador y siguió tierra adentro. Después de seis meses de sufrimientos llegó a Perú, donde se trasladó a Tumbes, ciudad fortaleza de los incas, con sus hombres. Allí recibió ayuda de Hernando de Soto y juntos fundaron la villa de San Miguel, primera ciudad española sudamericana.

Pizarro quiso emular lo que Cortés había hecho en México y decidió hacer prisionero a Atahualpa, emperador de los incas. En ese entonces, Atahualpa, que regía un ejército compuesto de decenas de miles de hombres, estaba asentado en las cercanías de Cajamarca. Pizarro le envió una embajada e invitó al emperador a esta ciudad. Subestimando el escaso número de los conquistadores, Atahualpa aceptó la invitación. Pizarro escondió a todos sus hombres, armas, cañones y caballos, y cuando llegó el emperador, rodeado de miles y miles de hombres, solo cuatro españoles le esperaban. Llegó en un trono de oro, sostenido por muchos sirvientes. El fraile Vicente de Valverde fue a su encuentro, le mostró la Biblia y le recomendó la aceptación de la doctrina cristiana y el sometimiento a la soberanía de Carlos I. Atahualpa se negó y tiró desdeñosamente la Biblia al suelo. Y entonces ocurrió lo increíble al grito de "¡Santiago!", el grito de guerra de los españoles, los soldados abrieron fuego, los jinetes atacaron con sus caballos, los cañones empezaron a disparar, y los indios indefensos, sorprendidos, cayeron muertos en gran número. En la confusión, Atahualpa fue apresado, pero los españoles no perdieron ni un solo hombre.

Los vencedores trataron al prisionero Atahualpa con honores de rey. El emperador les ofreció un tesoro incalculable por su libertad:

cuartos inmensos llenos de oro y plata. Pizarro aceptó, pero no cumplió la promesa. Pizarro prolongó el arresto de Atahualpa en su palacio y gobernó a los indios usando al inca como intermediario. Sin embargo, en 1533 decidió acusar a Atahualpa de traidor y le condenó a muerte. Sin jefe indio se debilitaba rápidamente la posición de Pizarro; pero en ese momento su compañero Diego de Almagro (1475~1538) llegó a Cajamarca con refuerzos militares, que consolidaron su posición. En San Miguel estaba Sebastián de Belalcázar, quien sometió Quito y Guayaquil y conquistó lo que es hoy Ecuador, dominando totalmente el territorio inca.

Pizarro y su compañero Almagro entraron en conflicto, pues rompiendo la promesa de repartirse las riquezas y el poder de manera equitativa, Pizarro empezó a superar la jerarquía de Almagro valiéndose de títulos y poderes concedidos por el rey. Por eso, en 1534, Almagro partió para conquistar Chile, en un viaje a través de los Andes que fracasó desastrosamente. Durante su ausencia, los indios se rebelaron y sitiaron Cuzco, que estaba en poder de los hermanos de Pizarro. Enterado del suceso, Almagro volvió a Perú, sofocó la revuelta y encarceló a los hermanos de Pizarro por desacato. Pizarro dirigió un ejército y ambos lucharon por el dominio de Cuzco, hasta que Almagro fue derrotado y ejecutado en 1538.

Eliminado su rival y sometido el extenso territorio desde Ecuador hasta Chile, Pizarro se convirtió en el jefe supremo de aquellas tierras. Unos años después, murió en Lima –que él mismo había fundado en 1535-, asesinado en su propia casa por seguidores de Almagro el 26 de junio de 1541.

Machu Picchu, la ciudad perdida de los incas

Los incas construyeron ciudades en la ruta del Capac Ñan 'Camino Real' para controlar y administrar las regiones conquistadas. Estas ciudades administradoras se llamaban *llactas* y Machu Picchu era una de estas llactas incaicas [Machu Picchu significa 'Montaña Vieja', y Huayna Picchu es 'Montaña Joven' en la lengua quechua]. Sin embargo, tuvo un papel muy especial. Era la más alejada de la ruta del Capac Ñan y fue construida en un lugar recóndito e inexpugnable del valle de Tampu para ser el refugio y la morada de lo más selecto de la aristocracia en caso de un ataque sorpresivo. En efecto, Machu Picchu sirvió como refugio de una parte de la aristocracia después de la conquista de Cuzco en 1532 por parte de los españoles [Cuzco quiere decir 'el ombligo del mundo']. La circulación por los caminos que conducían a Machu Picchu estaba prohibida para el común de la población, puesto que su ubicación era un secreto militar. Los profundos barrancos y las agrestes montañas constituyeron su mejor defensa natural. Por esta razón, los conquistadores españoles no pudieron descubrirla y permaneció escondida durante cientos de años hasta que fue encontrada por el aficionado a la arqueología y explorador norteamericano

Hiram Bingham en 1911.

Machu Picchu está ubicada a unos 130 kilómetros al noroeste de Cuzco, en la provincia de Urubamba, en la cresta del cerro del mismo nombre. Se divide en tres grandes sectores 1) Barrio Sagrado, donde se halla el Templo del Sol, 2) Barrio de los Sacerdotes y la Nobleza o zona residencial y 3) Barrio Popular, en la parte sur de la ciudad, donde se encontraban las viviendas de la población común. Todas las edificaciones de Machu Picchu siguen el clásico estilo arquitectónico inca: construcciones con muros de piedras pulidas de forma regular y junturas perfectas entre los bloques de piedra.

Fue designada como Patrimonio Cultural de la Humanidad por la UNESCO, por lo que recibe la protección de esta institución internacional.

국명의 기원

멕시코 13세기 경 북부에서 이동한 아즈텍족이 중앙 고원지대의 텍스코코 호수 주변에 정착했다. 호수를 메워 테노츠티틀란 (현 멕시코 시티)을 건설했다. 1325년의 일이다. 아즈텍족은 '메쉬카'라는 이름으로도 불렸다. 현 멕시코라는 국명의 기원이 된 종족이다. '메쉬카족의 도시 (또는 땅)'이라는 뜻이다. 16세기 스페인인들이 들어갔을 때 이에 대한 표기는 mexica였다. 발음은 [méšika]. [š]발음은 17세기에 [x]로 변한다. 따라서 현재도 México를 *[méksico]가 아니라 [méxico]로 발음한다. 1821년 스페인으로부터 독립하고 국명으로 채택되었다.

콜롬비아 아메리카를 발견한 크리스토발 콜론의 이름에서 나온 것이다. 이탈리아식 이름은 크리스토포로 콜롬보이지만, 흔히 불리는 것은 라틴식의 콜럼버스이기 때문이다. 대륙의 명칭은 아메리고 베스푸치에서 나와 아메리카가 되었지만, 1819년 독립과 더불어 지어진 콜롬비아라는 국명은 이 콜럼버스에서 나온 것이다.

베네수엘라 1499년 알론소 데 오헤다는 탐험대를 이끌고 마라카이보호 일대를 항해했다. 이 때 많은 수상 가옥을 발견했다고 한다. 이탈리아의 '베네치아'를 연상해 이 지역을 '작은 베네치아'라는 의미에서 베네수엘라라고 불렀다고 한다. 이것이 후일 국명으로 정착된 것이다. 1830년 그란 콜롬비아에서 분리되면서 현재의 국명을 갖게 되었다. 1845년에 가서야 독립국으로 정식 승인받았다.

에콰도르 1830년 그란 콜롬비아로부터 독립했다. 국명은 적도가 수도인 키토 근처를 지나고 있어서 지어진 것이다.

페루 국명의 기원에 관해서는 여러 설이 제기되고 있다. 처음 이 지역에 도착한 스페인 탐험가들이 원주민들에게 여기가 어딘지 물었을 때 비루(Virú)라고 대답했고 스페인인들은 이를 페루(Perú)로 받아들였다고 한다. 페루 북부에 있는 강 이름이라고 한다. 1525년 피사로가 이 지역을 정복했을 때부터 페루라는 지명을 썼다고 한다. 다른 한편으로, 파나마 지역에 살던 비루(Birú)라는 족장의 이름에서 나온 것이라는 설도 있다. 스페인 탐험가들이 아직 페루까지 도달하지 못했을 때 이 족장으로부터 더 남쪽에 황금이 나는 땅이 있다는 얘기를 듣고는, 이 지역과 남쪽 땅을 모두 페루라고 부른데서 기인한 것이라는 설이다.

볼리비아 1825년 독립 영웅인 시몬 볼리바르에서 따온 것이다. 19세기 초 스페인과 독립 전쟁을 벌일 때 남미의 북부 지역, 즉 콜롬비아, 베네수엘라, 에콰도르, 페루, 볼리비아 등을 해방시킨 인물이다.

아르헨티나 라틴어 argentum '은'에서 나온 것이다. 초기 탐험가들 사이에는 Sierra de la Plata '은 산'에 관한 전설이 떠돌았다고 한다. 내륙 깊숙한 곳에 은이 대량 생산되는 전설의 산이 있다는 것이다. 이 산을 찾기 위해 강을 따라 올라갔다. 강 이름도 Río de la Plata '은 강'이 되었다. 또한 그 일대의 땅 역시 '은이 많이 나는 지역'이라는 의미에서 아르헨티나가 된다. 처음 국명으로 등장하는 것은 1826년이라고 한다.

칠레 페루 지역을 정복한 후부터 아타카마 사막 남쪽 지역을 칠레라고 불렀다고 한다. 원주민들이 부르던 것을 그대로 물려받은 것이다. 원주민어도 케추아, 아이마라, 마파체 등 다양해 의미에 관해서는 여러 가지 설만 무성할 뿐 정확한 것을 제시하기는 어렵다. 국명으로 정착된 것은 1824년이다.

Memorándum

Lección

20

El Camino de Santiago

Lecturas en Español :
Nivel Básico

<Los peregrinos>

<La Catedral de Santiago de Compostela>

Lección 20

El Camino de Santiago

El Camino de Santiago es la ruta por la que caminan los peregrinos procedentes de España y de toda Europa para llegar a Santiago de Compostela, donde se veneran las reliquias del apóstol Santiago el Mayor, llamado Jacobo. Según los textos religiosos, el apóstol, tras la muerte de Jesucristo, comienza su misión evangelizadora en el sur de Hispania y posteriormente se desplaza al norte por tierras portuguesas. Luego se dirige hacia el este de la península para regresar de nuevo a Jerusalén desde la costa mediterránea española. Tras incumplir la prohibición de predicar el cristianismo en Palestina, fue decapitado en tiempos de Herodes Agripa I (10 a.C.-44). Según la leyenda, su cadáver fue tomado por los discípulos Atanasio y Teodoro, y llevado en barco de nuevo a tierras españolas, en concreto a Iria Flavia (cerca de la actual Padrón). A partir de ese momento no se oye a respecto de él durante cientos de años.

Tras la batalla de Covadonga (722) entre los cristianos y los musulmanes, se asienta en Asturias un pequeño reino que intenta recuperar el ideal unificador de la monarquía hispanovisigoda. A finales del siglo VIII se difunde en el noroeste de la Península

Ibérica un rumor de que el apóstol había sido enterrado en estas tierras. Así ocho siglos después de la muerte del apóstol, un día del año 813 un ermitaño llamado Pelayo y sus compañeros ven una estrella posada en el bosque Libredón. Van allí y descubren en la espesura la antigua capilla, donde existe un cementerio de la época romana. En ese lugar construyen una ciudad, cuyo nombre, Santiago de Compostela, proviene de esta leyenda. Santiago sale del nombre del Apóstol naturalmente y Compostela procede de "Campo (*Campus*, 'campo') + stela (*Stella*, 'estrella')". Después Campostela se ha convertido en Compostela por asimilación vocálica.

El hallazgo del sepulcro del apóstol Santiago tiene consecuencias importantes tanto religiosas como políticas en toda Europa. En España, el descubrimiento del sepulcro coincide con la llegada al reino astur de mozárabes que huían de las zonas dominadas por los musulmanes, buscando poder practicar sus creencias religiosas. El rey de los francos, Carlomagno, quiere defender sus fronteras de invasiones árabes. Con su beneplácito y sus auspicios Santiago de Compostela se convierte en un centro de peregrinación al que acudían grandes multitudes procedentes de toda Europa.

A partir del siglo X el número de peregrinos aumenta extraordinariamente, pues Santiago de Compostela era uno de los lugares sagrados tan importantes como Roma o Jerusalén. El siglo XI es una época muy importante para la fijación de las rutas de peregrinación. En este siglo también el número de peregrinos sigue aumentando gracias al considerable aumento de los contactos políticos y culturales entre las naciones europeas. Los reyes de Castilla, León, Navarra y Aragón establecen alojamientos y hospitales (lugares donde hospedarse), construyen puentes y calzadas, para los peregrinos y con esto se van fijando las rutas de peregrinación. En particular Santiago de Compostela se vuelve aún más importante por causa de la construcción de la Catedral que empezó a finales de este siglo.

Son varias las rutas de peregrinación. La más tradicional es el llamado Camino Francés. Empieza de Roncesvalles (o St. Jean-Pied-du-Port, Francia) y pasa por Pamplona, Logroño, Burgos y León. Además de esta, existen otras rutas de peregrinación. A principios del siglo XIII al incorporarse el País Vasco a la Corona de Castilla, se fundan las ciudades en esa región y mejoran las comunicaciones entre ellas. Por ello algunos peregrinos que provenían de Francia o de otros países europeos, penetran por Irún y caminan por la costa, por San Sebastián, Bilbao, Santander y Oviedo. Esta ruta se llama el Camino del Norte. En unos lugares se bifurcan las rutas. Por ejemplo, alguien que empieza a viajar en Irún, si quiere caminar la ruta tradicional puede ir a Santo Domingo de la Calzada o a Burgos. En Oviedo también se puede orientar al sur para Lugo. El largo de cada ruta es más de 800 kilómetros y en general caminan más o menos 40 días. El Camino Francés es un poco más corto y por tanto tarda menos que el Camino del Norte. Pero el itinerario de cada peregrino varía según el clima, su estado de salud, el plan de turismo en las ciudades de tránsito, etc.

Además de estas rutas para los peregrinos que proceden de Francia, hay caminos para los portugueses y los españoles. El Camino Portugués empieza en Oporto y es relativamente corto. Tarda dos semanas más o menos. Otro camino para los españoles se llama 'la Vía de la Plata', que siguen los peregrinos del sur y centro de la península. Empieza en Sevilla y pasa por Cáceres, Salamanca y Zamora. En esta última ciudad los peregrinos pueden seleccionar su ruta, si se orientan al oeste hacia Orense o si van hacia el norte, Astorga, para andar el Camino Francés. La distancia es casi 1.000 kilómetros y se tarda más o menos 50 días.

Si alguien quiere hacer el Camino, ante todo tiene que conseguir la credencial de peregrino. Es una especie de pasaporte que se acredita como peregrino. Impresa en cartulina, consta de 14 páginas que se abren en forma de acordeón. Hay que sellarla una vez al día generalmente en los albergues. Se puede recibir el sello también en lugares como iglesias, ayuntamientos, la policía, etc. La credencial servirá para identificarse como peregrino y, por tanto es especialmente importante para acceder a los albergues o alojamientos para peregrinos. Debido a que cada 20 o 30 kilómetros existen alojamientos y están bien instalados los hitos en los puntos necesarios, no hay peligro de perderse en el Camino. La credencial es requisito imprescindible para recibir *La Compostela*, un certificado que se entrega en la Oficina de Peregrinos de Santiago a todo aquel peregrino que haya hecho el Camino.

Llevar la concha es uno de los símbolos distintivos del peregrino. Dicen que esta tradición viene de la leyenda de que el barco que llevaba el cadáver del apóstol enfrentó muchas dificultades en el mar, pero llegó a Galicia sano y salvo bajo la protección de las conchas. Pero hay personas que dicen que es porque la concha es muy útil para beber agua en el Camino o es porque todos los peregrinos se reúnen en Santiago de Compostela como las líneas de la concha que se reúnen en un punto. Aunque no existe una teoría totalmente aceptada, no cabe duda de que la concha es el símbolo de la peregrinación desde hace muchos siglos.

Los peregrinos de ayer caminaban por pasión religiosa y tenían que estar dispuestos a morir en el intento. Pero hoy la gente camina para liberarse de su estado actual, para huir de lo que tiene, ya sea porque no le gusta o no le satisface. Al caminar se refleja a sí mismo y aprende a humillarse. Se mata y renace de manera simbólica. Para tener una experiencia extraordinaria de este tipo muchas personas de diversos países están caminando en la actualidad. El Camino de Santiago ha sido declarado por la UNESCO Patrimonio de la Humanidad en 1993.

산티아고 기사단

1170년 레온 왕국에서 창설되었다. 창설 목적은 '산티아고 순례길'의 순례객들을 보호하고 이베리아 반도에서 이슬람교도들을 몰아내는 것이다. 중세 기간 내내 이베리아 반도 남부와 유럽의 수많은 순례객들은 사도 야곱의 무덤에 참배하기 위해 목숨을 걸고 먼 길을 여행해야 했다. 이 기사단을 결성한 사람들은 카세레스 방어전에 투입되었던 일단의 기사들이었다고 한다. 성스러운 일에 사명감을 느낀 이들은 세속적인 삶을 포기하고 순례길과 엑스트레마두라 전선 방어에 헌신할 것을 맹세했다. 이들은 성 아구스틴 수도회에 투신해 종교적 후원을 받고 기사단을 창설했다. 피레네에서부터 성지까지 많은 병원과 숙소를 짓고 순례객들을 보호했다. 본부는 쿠엥카 지방에 있는 우클레스 수도원이다. 1177년 쿠엥카 정복전에 참가했으며 이후에도 많은 정복전에 참가해 전공을 세웠다. 그에 대한 보상으로 국왕으로부터 라만차와 안달루시아 지역의 많은 영지를 할양받았다. 1212년 라스 나바스 데 톨로사 전투에 참가해 큰 전공을 세웠으며 코르도바, 세비야, 그라나다 등 알 안달루스 정복전에도 참전했다. 다른 기사단과는 달리 결혼이 허용되는 등 계율이 덜 엄격해 세력을 넓히는데 도움이 되었다. 많은 도시와 마을, 건물, 토지를 소유했다. 심지어는 살라망카대학교도 이들의 소유였다. 우클레스에서 포르투갈까지 이들의 땅을 밟지 않고는 갈 수 없다는 말이 나올 정도였다고 한다. 포르투갈, 프랑스, 이탈리아, 팔레스타인 등 해외에도 재산을 갖고 있었다.

그라나다 재정복이 끝난 후 기사단은 대내외적으로 시련에 봉착했다. 전국에 산재해 있는 엄청난 재산의 관리권과 국왕에 버금가는 권력을 행사하는 기사단장 자리를 놓고 내분이 빈번해졌으며, 국왕과도 갈등을 빚었다. 이에 페르난도는 교황 알렉산더 6세와의 합의 하에 1493년 기사단 운영권을 왕실에 예속시켰다. 1523년 카를로스 1세 때 칼라트라바, 알칸타라 기사단과 함께 왕실에 영구 귀속되었다. 현재는 타 기사단들과 마찬가지로 명예직이다. 이들의 표시는 검을 거꾸로 세워놓은 듯한 모양의 붉은 십자가로 〈라스 메니나스〉를 그리고 있는 벨라스케스의 가슴에서 찾아 볼 수 있다.

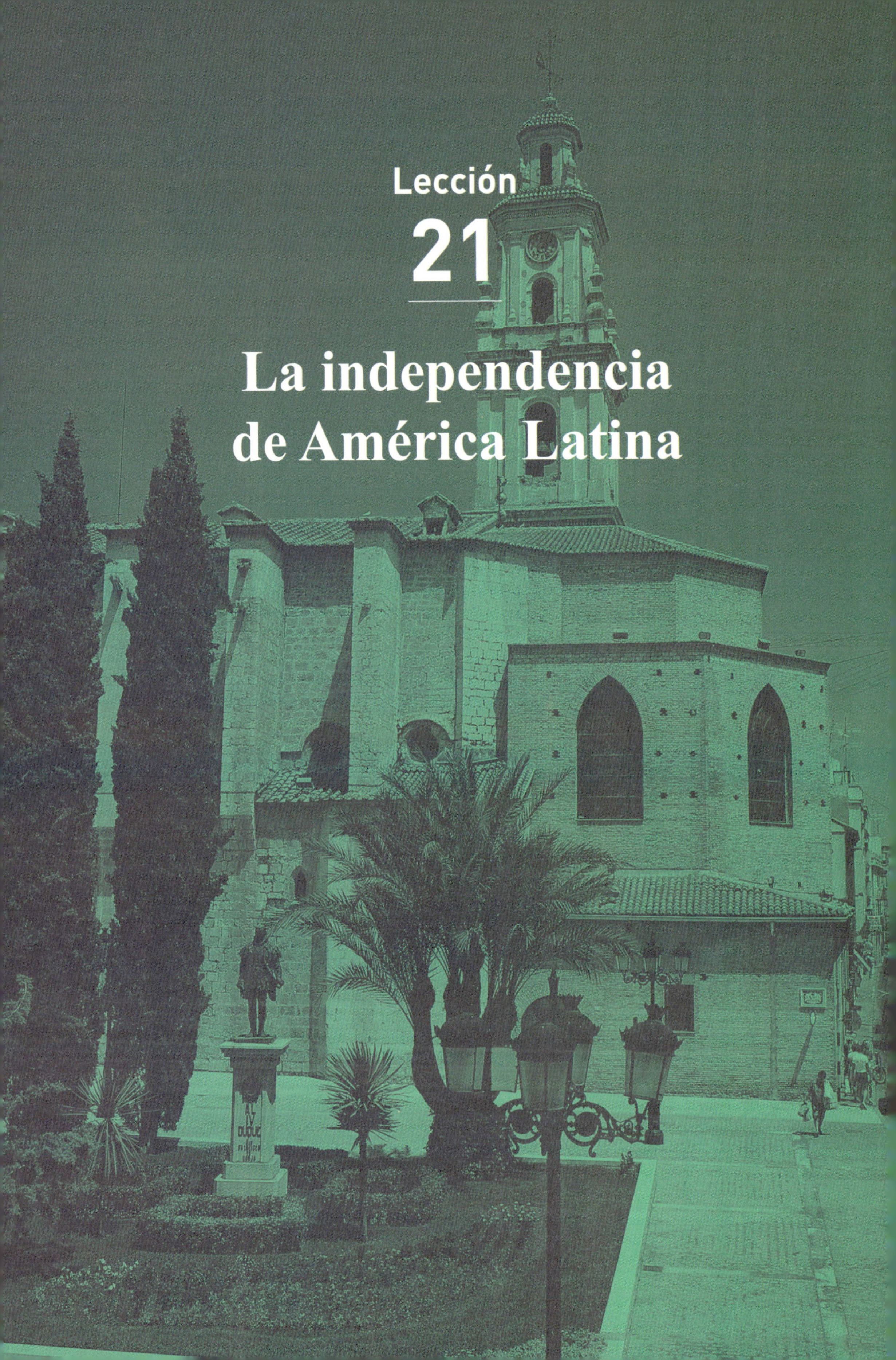

Lección

21

La independencia de América Latina

Lecturas en Español : Nivel Básico

<La obra de Diego Rivera>

<La obra de Juan O'Gorman>

Lección 21

La independencia de América Latina

Desde fines del siglo XVIII, la insatisfacción de los criollos –los españoles nacidos en América– era manifiesta en todos los frentes, el político, el económico, el social y el cultural. Los intereses de este nuevo sector social, cuya identidad se hallaba consolidada para entonces, eran claramente diferentes de los de España.

Desde el punto de vista económico, las colonias estaban contrariadas por el sistema de monopolio establecido por la metrópoli y los criollos aspiraban a disfrutar de la libertad comercial. Por otra parte, las tierras, que eran la principal fuente de producción, estaban en manos de los grandes terratenientes blancos, y los indios y mestizos, que constituían la mayoría de la población, eran explotados prácticamente como esclavos. Desde el punto de vista político, los criollos querían alcanzar los altos cargos políticos, que les estaban prohibidos por ser exclusivos de los españoles. Esta discriminación acentuó el sentimiento de diferencia con los españoles peninsulares. Desde el punto de vista ideológico, las ideas de igualdad, libertad y de que el poder proviene del pueblo, que habían sido expuestas por los filósofos y enciclopedistas franceses, se habían extendido por las colonias españolas y despertaron en los criollos el deseo de implantar en sus tierras el mismo sistema logrado por los Estados Unidos.

En 1808 los ejércitos de Napoleón invadieron España y se llevaron al rey Carlos IV prisionero a Francia. El malestar ocasionado por la presencia de un ejército extranjero y la incertidumbre acerca de la continuidad de la monarquía, hizo explotar las insatisfacciones acumuladas hasta entonces. Estos sucesos en la metrópoli fueron la causa directa del inicio de la emancipación de Hispanoamérica.

Los independentistas formaron tres grandes frentes separados: 1) México, con los movimientos iniciados por los sacerdotes Hidalgo y Morelos. 2) Los países bolivarianos, que deberán su libertad a Simón Bolívar. 3) Los países del sur, donde destacará la gran figura de José de San Martín.

Virreinato de Nueva España: México, Guatemala, Honduras, El Salvador, Costa Rica, Nicaragua

El lugar donde se alzó por primera vez la bandera de la revolución en México fue el estado de Dolores. Fue liderada por el cura Miguel Hidalgo y Costilla, quien sublevó al pueblo prometiendo el reparto de las tierras y la abolición de los tributos. De este modo, el 16 de septiembre de 1810 comenzó la guerra de la independencia, día que se festeja actualmente como fecha patria. Con un ejército formado mayormente por indios y mestizos, tomó Guanajuato y otras ciudades, pero no logró llegar a la capital. Sufrió varias derrotas y él mismo fue detenido y fusilado en julio del año siguiente. Aunque no logró la independencia de México, la Virgen de Guadalupe, que posee características de las deidades indígenas, se convirtió en la protectora del proceso independentista. A la muerte del padre Hidalgo, la rebelión popular fue liderada por el cura José María Morelos. Entre 1812 y 1815 Morelos llegó a tomar todo el sudoeste de México, pero fue finalmente apresado y fusilado. La lucha fue continuada por varios frentes, pero perdió su violencia.

Hasta entonces la aristocracia criolla había estado de parte del gobierno español, pero al triunfar en la metrópoli la revolución liberal (1820), creyó amenazados sus intereses y decidió apoyar la independencia. Uno de sus jefes, Agustín de Iturbide, prometió el fin de la discriminación de los criollos y estableció un gobierno monárquico independiente. Venciendo repetidas veces al ejército realista, avanzó victorioso hacia la capital, obligando al virrey a reconocer el gobierno independiente establecido (1821).

El general Iturbide, nombrado emperador de México, defendió los privilegios del alto clero, la nobleza y el ejército, pero no obtuvo el apoyo popular. Derrocado por el general Santa Anna, que proclamó la República en 1823, las provincias centroamericanas se separaron y se declararon independientes. Posteriormente, tras un proceso de guerras civiles, se dividieron entre los años 1837 y 1838 en los actuales países de Guatemala, Honduras, El Salvador, Costa Rica y Nicaragua.

Virreinato de Nueva Granada: Venezuela, Colombia, Ecuador

Simón Bolívar fue, junto con San Martín, el forjador de la independencia hispanoamericana. Nació en 1783 en Caracas en el seno de una familia de la aristocracia criolla. Estando en Europa, la lectura de los filósofos franceses Voltaire, Montesquieu y Rousseau lo impulsaría a entregarse a la lucha por la revolución independentista hispanoamericana. Allí vivió también las primeras etapas del imperio napoleónico, cuyo ascenso habría de influir en su concepción de una república autoritaria.

En abril de 1810 se estableció una Junta provisional que destituyó al capitán general (recordemos que Venezuela, que significa "pequeña Venecia", era una Capitanía General). Este nuevo gobierno convocó un Congreso general que proclamó el 5 de julio de 1811 la independencia del país. Pero, al año siguiente, el general Francisco de Miranda fue derrotado por la contraofensiva española y Bolívar tuvo que exiliarse en Colombia. Allí escribió *el Manifiesto de Cartagena*, donde promueve la unión de Colombia y Venezuela para lograr la independencia. Este texto lo perfila como el gran estadista y estratega que demostró ser luego.

En 1813 volvió a tomar el mando del ejército republicano y luego de varias victorias y derrotas, incluyendo un segundo exilio en Jamaica, entró triunfalmente en Bogotá en 1819. Poniendo en práctica sus ideas sobre un gobierno fuerte y centralizado, se nombró Presidente de la República de Gran Colombia, que comprendía los actuales estados de Venezuela, Colombia, Ecuador y Panamá. Sin embargo, faltaba consolidar la independencia en el plano militar. Venezuela fue completamente liberada del ejército español recién en junio de 1821 y al año siguiente se emprendió con éxito la liberación de Ecuador.

El 26 de julio de 1822 tuvo lugar la famosa entrevista con el general San Martín en Guayaquil. El resultado fue que Bolívar se encargó de completar la campaña de Perú que había iniciado San Martín. El Alto Perú, que formaba parte del Virreinato del Río de la Plata, tomó en 1825 el nombre de República Bolívar (actual Bolivia) y encargó al 'Libertador' la redacción de su Constitución (1826).

Bolívar se había proclamado presidente vitalicio en todas las regiones que había liberado y había hecho realidad su sueño de unificar el continente bajo su poder. Sin embargo, enseguida comenzaron los movimientos separatistas. Venezuela fue la primera en sublevarse y en 1826 reclamó su voluntad de separarse. Había comenzado a desintegrarse la unidad de Gran Colombia. En 1828 incluso intentaron atentar contra la vida de Bolívar. No pudiendo frenar la voluntad secesionista de Venezuela, Bolívar renunció a la presidencia en enero de 1830. En mayo, Ecuador se declaró estado autónomo y en diciembre Bolívar murió víctima de la tuberculosis. Luego, en 1902 Panamá se independizó de Colombia.

Virreinato de Perú y Virreinato del Río de La Plata: Perú, Chile; Argentina, Uruguay, Paraguay, Bolivia

Si Simón Bolívar fue el libertador de los países del norte de América del Sur, el general San Martín fue el hacedor de la independencia de los países del sur Argentina, Chile y Perú. San Martín nació en Argentina en 1778. Se trasladó cuando era un niño a España con sus padres, donde inició desde muy joven la carrera militar. Participó en diversas campañas y luchó contra las fuerzas napoleónicas.

Sin embargo, siendo él un criollo nacido en territorio americano, no podía desoír la llamada del suelo patrio y se ofreció voluntariamente a la causa de la independencia.

En 1812 volvió a Buenos Aires y se puso a las órdenes del gobierno revolucionario. El primer triunfo que obtuvo contra las tropas realistas lo llevó a considerar el cruce de los Andes para tomar Santiago y luego Lima, pues en tanto el Virreinato de Perú siguiera en manos españolas, la revolución no estaría nunca segura.

El 9 de julio de 1816 se proclamó la independencia de las Provincias Unidas del Río de la Plata, como se llamaba entonces a Argentina, y se nombró a San Martín general en jefe del ejército. En enero de 1817 comenzó la dificilísima empresa de cruzar la cordillera de los Andes. Emulando a Aníbal y a Napoleón que atravesaron los Alpes, San Martín y su ejército libertador lograron cruzar estas terribles elevaciones a pesar del intenso frío y las escalofriantes alturas. Durante ese año y el siguiente, San Martín y el general chileno O'Higgins derrotaron a los españoles, logrando la independencia definitiva de Chile. En Santiago le ofrecieron el cargo de dictador supremo, pero lo rechazó en favor de O'Higgins.

Volvió a Buenos Aires a preparar la expedición a Perú, pero el gobierno estaba falto de recursos, por lo que pudo partir recién en 1820 con un ejército combinado argentino–chileno. Tras desembarcar en las costas peruanas, siguió hasta Lima y comenzó el sitio de la capital del virreinato. Una vez retiradas las fuerzas españolas de la ciudad, el 28 de julio de 1821 San Martín proclamó la independencia de Perú y fue nombrado 'Protector' de este país.

En 1822 ambos extremos de la revolución, las fuerzas del Río de la Plata y las de Chile que avanzaban desde el Sur, y las fuerzas de Venezuela y Colombia que bajaban desde el Norte se tocaban después de doce años de iniciada la guerra independentista. El dominio de los realistas quedaba reducido al sur de Perú y el Alto Perú (Bolivia), pero San Martín sabía que solo no podía vencerlos y que era necesaria la unión de las fuerzas patriotas del Norte y el Sur. Por esta razón, cuando Bolívar entró en Guayaquil para incorporar Ecuador a Gran Colombia, San Martín se reunió con él para mantener una entrevista que decidiría el futuro de la guerra independentista.

La histórica entrevista de Guayaquil tuvo lugar el 27 de julio de 1822. Nunca pudo saberse cuál fue el contenido exacto de la conferencia que mantuvieron los dos héroes libertadores, pero por lo que se desprende de cartas y otros documentos, San Martín, que deseaba la unión de los ejércitos, se dio cuenta que su persona molestaba a Bolívar y que este no bajaría al sur mientras él permaneciese en Perú. En un gesto de incomparable generosidad y desprendimiento, San Martín renunció de inmediato a su cargo de 'Protector de Perú' y saliendo de la escena pública se retiró a Francia en 1824, permitiendo que Bolívar completara en los años siguientes la empresa libertadora de América.

La guerra de la independencia de Uruguay se inició en 1814. Al cabo de unos años de lucha, primero con Argentina y luego con Brasil, los uruguayos proclamaron su independencia en 1828. Paraguay era, como Uruguay, parte del Virreinato del Río de la Plata. Al iniciarse el proceso revolucionario, destituyeron al gobernador español y proclamaron su independencia en 1811. El Alto Perú, como se ha dicho arriba, se independizó en 1825 con el nombre de Bolivia.

A través de este largo y difícil proceso bélico, los países hispanoamericanos consiguieron la independencia. La guerra de la independencia fue larga y cruel. Solamente Paraguay y Brasil la consiguieron por medios pacíficos y sin derramamiento de sangre. En el caso de Brasil, al producirse la invasión napoleónica en 1808, la familia real portuguesa se refugió en Río de Janeiro. En 1821 estalló en Portugal la revolución constitucionalista, por lo que el rey Juan VI regresó a Portugal dejando a su hijo Pedro como regente de Brasil. Cuando la corte constitucionalista exigió la vuelta del príncipe a la metrópoli, Pedro declaró la independencia del país en septiembre de 1822, asumiendo el gobierno de Brasil con el nombre de emperador Pedro I.

멕시코 혁명

1821년 스페인으로부터 독립한 멕시코는 정치지도력 부재, 부의 편중, 인종 및 계층 간의 구조적 불균형과 갈등 등으로 인해 극심한 혼란에 처했다. 1848년 서부로 진출하고자 하는 미국과의 전쟁에서 패해 절반이 넘는 영토를 잃은 후에도 백인 지배 계층의 정쟁과 수탈은 계속되었다. 포르피리오 디아스(1876~1911)의 독재 체제에 이르러 그간의 모순과 불만이 폭발했다. 디아스 자신이 대토지 소유주로서 백인 크리오요들과 외국 자본의 이익을 대변하는 대표적인 '보스'였다. 당시 멕시코의 주요 생산 체제는 소수의 백인 가문이 독점한 '아시엔다'라고 불리는 대농장과 외국 자본이 점유하고 있는 석유회사와 광산이었다. 대부분의 멕시코인들은 아시엔다의 농노로 비참하게 살아가거나 값싼 임금을 받고 가혹한 노동 수탈에 시달리고 있었다.

멕시코 혁명이란 이 디아스 독재체제를 타도하고 수많은 멕시코인들의 염원인 토지개혁과 반식민지적인 지배구조 타파를 실현하고자 일으킨 무장투쟁이다. 약 7년 동안 각 정파와 사회 계층을 대표하는 각양각색의 인물들이 등장해, 어떤 이는 노골적으로 자신의 사적인 정권욕을 위해, 어떤 이는 겉으로는 국민과 국가를 외치면서 속으로는 교묘하게 자신의 영달을 위해 또 어떤 이는 진정으로 보다 나은 민중의 삶을 위해, 아직까지도 인구에 회자되는 소설 같은 활약을 펼쳤다.

제일 먼저 등장하는 인물이 프란시스코 마데로이다. 자유주의자로 분류되는 마데로는 1910년 연임을 계획하고 있는 디아스에 반한 쿠데타를 주도했다. 이듬해 5월 농민들의 지지를 받고 있는 프란시스코 비야(일명 판초 비야)와 에밀리아노 사파타의 도움을 받아 디아스를 몰아내는 데 성공했다. 그러나 그 자신 역시 디아스와 마찬가지로 대토지 소유주인 관계로 토지 및 사회 개혁에 미온적인 태도를 보였다. 이에 사파타가 결별했다. 또한 '보스'를 배신한 관계로 백인 크리오요들 사이에서도 불신을 당했다

두 번째 등장하는 인물은 빅토리아노 우에르타이다. 1913년 2월 혁명 동지들로부터 버림받은 마데로를 쿠데타로 축출했다. 그러나 그 역시 개혁은 안중에 없고 사리사욕을 앞세우다가 카란사, 오브레곤, 비야, 사파타 등의 반격을 받고 이듬해 7월 망명했다.

이쯤 되면, 혁명의 주인공들은 모두 등장한 셈이다. 우에르타를 추방하는 데는 성공했으나, 소위 입헌파로 알려진 이 네 주인공들 역시 자신들의 이익에 따라 여러 지파로 나뉜다. 우선 크게 카란사와 오브레곤은 백인 지주와 중산층, 자본가를 대표하는 입장에 있었고, 북

부의 비야와 남부의 사파타는 빈곤층과 농민을 대표하는 입장이었다. 두 파벌사이에 참혹한 내전이 벌어졌다. 그렇지 않아도 먹고 사는 게 고단했던 농민들과 하층민들은 그야말로 노래 가사에 나오는 것처럼 la cucaracha '바퀴벌레'같은 신세였다. 초반에는 비야와 사파타가 우세했으나, 1916년 카란사와 오브레곤 파가 승리했다. 승리 후에는 카란사와 오브레곤 사이에 권력투쟁이 벌어졌다. 1917년 그동안 카란사에게 많은 것을 양보하며 몸을 낮추고 있던 오브레곤이 결정적인 순간 반격에 성공해 집권했다. 이로써 혁명의 최종 승자는 오브레곤이 되었다. 1917년 헌법에서 노동자의 권리와 토지개혁, 철도 광산 석유산업의 국유화 등을 명기했다.

그러나 미국, 영국, 프랑스 등 외국 자본의 압력이 거센데다가, 빈민층에게 인기 있던 비야는 오브레곤 군과의 전투에서 패해 혁명무대에서 퇴장하고 농민들의 기대와 신망을 한 몸에 받던 사파타 역시 낙향했다. 사파타는 1919년 고향인 모렐로스 주에서 게릴라 활동 도중 암살당했다. 카란사와 비야 역시 1920년과 1923년 각각 암살당함으로써 혁명은 부분적으로만 완성된 채로 끝났다.

<Pancho Villa>

<Álvaro Obregón>

<Emiliano Zapata>

La canción

- ***La cucaracha***

Una cosa me da risa
Pancho Villa sin camisa
Ya se van los carrancistas
Porque vienen los villistas

La cucaracha, la cucaracha
Ya no puede caminar
Porque no tiene, porque le falta
marihuana que fumar

La cucaracha, la cucaracha
Ya no puede caminar
Porque no tiene, porque le falta
marihuana que fumar
marihuana que fumar
marihuana que fumar

Lección

22

La arquitectura de España I

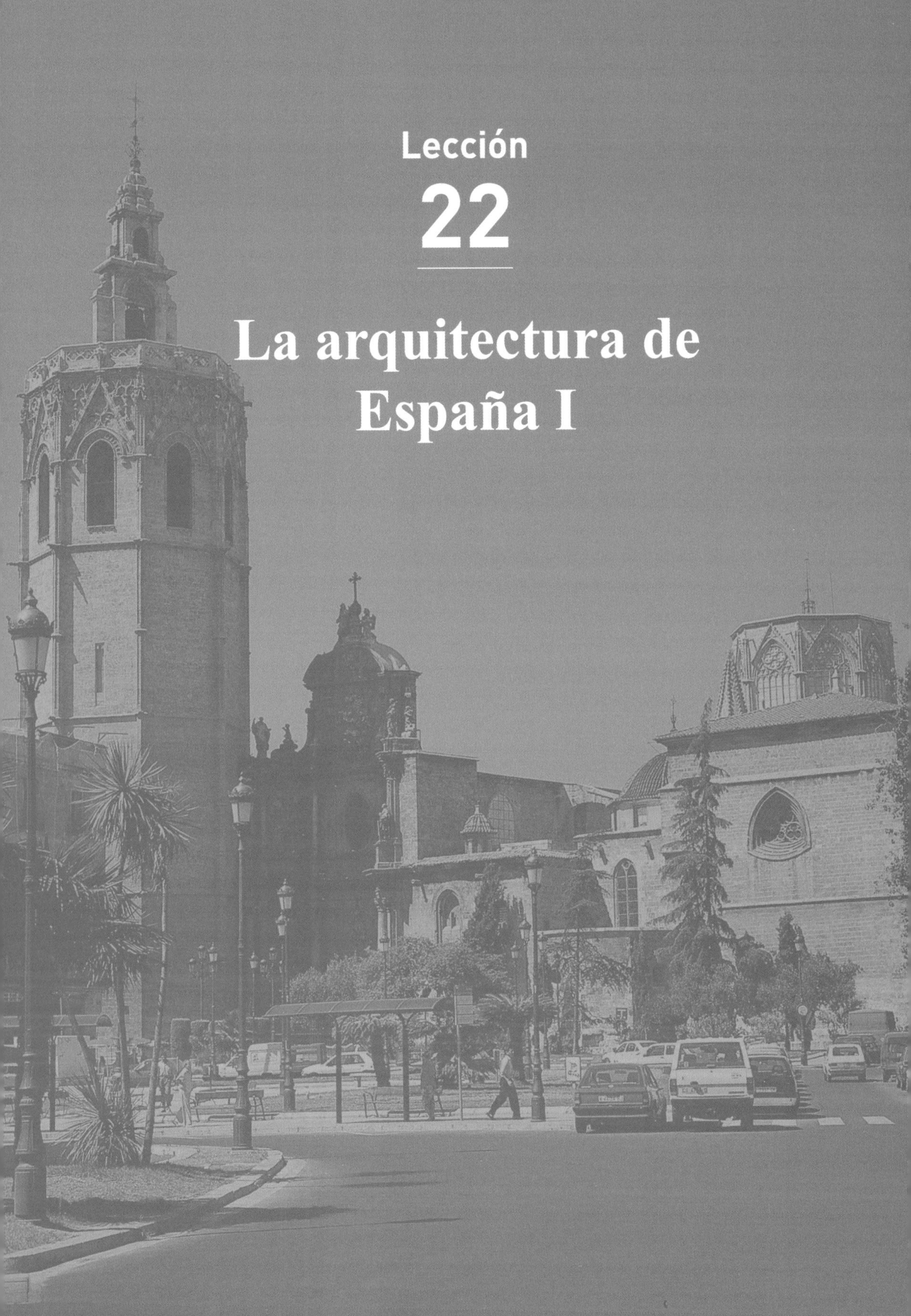

Lecturas en Español :
Nivel Básico

<La Mezquita de Córdoba>

<El Alcázar de Segovia>

<La Iglesia de Vera Cruz de Segovia>

Lección 22

La arquitectura de España I

El auténtico comienzo de la arquitectura en la Península Ibérica se remonta al Imperio Romano. Los romanos han dejado muchos monumentos arquitectónicos impresionantes, como por ejemplo, el Acueducto de Segovia, el Teatro Romano de Mérida, el Puente de Alcántara, etc. En todos estos se notan las características arquitectónicas de los romanos, la utilidad y la dureza. Los arquitectos romanos desarrollaron el arco para montar las piedras con altura y seguridad y para soportar el enorme peso.

Los musulmanes también dejaron unos monumentos históricos en la Península Ibérica, aprovechando su propio estilo, el arco de herradura. Debido a que los musulmanes son un pueblo de desierto, se reflejan en su arquitectura la tendencia a la horizontalidad, los espacios inundados de columnas, los jardines llenos de flores y árboles, el uso abundante de agua, etc. En este sentido, la Mezquita de Córdoba es la representante de la arquitectura musulmana.

Otras arquitecturas preciosas construidas por los musulmanes son la Alhambra y el Generalife de Granada. Las claves del estilo son la multiplicación de la decoración geométrica, los arcos polilobulados y entrelazados, y el uso sabio de la luz y las sombras. Para estos palacios también el agua es un elemento esencial. Surge en pequeños o grandes fuentes por dondequiera de los palacios y recorre a través de múltiples canales por todas partes de los patios o jardines.

El arte románico fue un estilo artístico predominante en Europa en los siglos XI–XIII. Muros de piedra escuadrada, naves de escasa altura y de bóvedas de cañón, cúpula octágona o circular sobre el crucero, ábsides circulares, escasos ventanales de arco de medio punto, etc. son las casterísticas. Es un sistema sencillo y robusto, pero impide la entrada de luz ya que resulta muy difícil abrir vanos en los muros.

En España, el arte románico floreció en los territorios cristianos a lo largo de la ruta de peregrinación jacobea. Sin duda, la obra fundamental del románico hispano es la Catedral de Santiago de Compostela, final del trayecto de la peregrinación. La Iglesia de San Martín de Frómista, la Catedral Vieja de Salamanca y la Iglesia de la Vera Cruz de Segovia también son otros monumentos completos de este estilo.

A medida que la reconquista progresaba, en particular en los siglos XII y XIII, apareció un nuevo modelo estético, el estilo mudéjar, como consecuencia de la convivencia y mestizaje de las culturas cristiana, musulmana y judía.

Este estilo surgió de los musulmanes que permanecieron en territorio cristiano y, por tanto se caracteriza por una mezcla de corrientes culturales de herencia cristiana y decoración árabe y judía. La arquitectura mudéjar tiene por característica el uso de materiales fácilmente accesibles: ladrillo para los muros, madera para las techumbres y yeso para los revestimientos interiores, cerámica tanto en exteriores como en interiores, etc. No creó estructuras propias, al contrario que el gótico o el románico, sino que reinterpretó los estilos occidentales a través de una perspectiva musulmana.

Buenos ejemplos son la Ermita del Cristo de la Vega de Toledo, las puertas de la Iglesia de Santiago del Arrabal de Toledo y la puerta de la Ermita de Santa María la Antigua de Carabanchel Bajo, Madrid. Estas construcciones son fundamentalmente del románico y al mismo tiempo del mudéjar.

En el siglo XII empezó el estilo gótico. Lo que caracteriza a este estilo es su gran altura y luminosidad interior. A diferencia del románico en el que no era tan notable la altura y son pequeños los ventanales, este estilo se caracteriza por sus torres, agujas y pináculos agudos y altísimos. Los grandes ventanales con vidrieras son otro de los elementos constructivos de la esencia de este estilo. Esta arquitectura se podía realizar con el avance de la tecnología arquitectónica y el auge del catolicismo. En España el estilo gótico comenzó durante el siglo XII y duró hasta el siglo XVI. El edificio emblemático de este periodo son las catedrales. Por ejemplo, la Catedral de Burgos, de Toledo, de Sevilla, etc.

En el siglo XV comenzó el Renacimiento en Italia con una particular atención a la cultura clásica. Los arquitectos renacentistas emplean las proporciones modulares y la superposición de órdenes que aparecía en los edificios romanos: las cúpulas se utilizan como

<La Catedral de Sevilla>

elemento monumental y la forma basilical reaparece.

El Real Monasterio de El Escorial es la obra cumbre del renacimiento español. Fue realizado por Juan Bautista de Toledo (1515-1567) y Juan de Herrera (1530-1597). Este último formó una escuela de su propio estilo, llamado el herreriano.

El estilo herreriano se desarrolló el último tercio del siglo XVI, coincidiendo con el reinado de Felipe II (1556-1598). Los edificios herrerianos se destacan por su severa horizontalidad, lograda gracias al equilibrio de las formas, preferentemente cúbicas, que se disponen simétricamente en la estructura. Por lo general, presentan cubiertas de madera revestidas exteriormente de pizarra y torres laterales, rematadas en capiteles piramidales terminados en punta, que introducen un elemento de verticalidad, al tiempo que contribuyen a reforzar la sensación de simetría. El Alcázar de Segovia, cuyo aspecto actual se formó en el periodo de Felipe II, tiene el estilo herreriano. Sus salones y estancias fueron decorados con gran lujo y belleza por pintores y artistas mudéjares.

Por otro lado, el estilo renacentista se reunificó en España con la tradición gótica y apareció el nuevo estilo, llamado el plateresco. Esta denominación se debe a los intrincados trabajos que hicieron los plateros al decorar las construcciones con mucho detalle. Buen ejemplo de plateresco es la fachada de la Universidad de Salamanca.

<La fachada de la Universidad de Salamanca>

알람브라 궁전

중세 이슬람 건축의 최고 걸작이자 이슬람 귀족 문화의 결정체이다. 그라나다가 내려다보이는 해발 약 740여 미터 높이의 시에라 네바다 산맥의 한 구릉 위에 자리잡고 있다.

전체적인 건물 배치는 주변 환경과 자연스럽게 소화를 이루고 있으며 귀족적인 우아함과 아름다움을 동시에 지닌 건축물로 평가 받는다. 선이 섬세하고 부드러운 기둥과 아치를 적절하게 배치해 평온함과 안락함을 추구하고 있다. 가톨릭 국가의 궁전들처럼 높거나 거대하지 않아 위압감을 주지 않으며 돌이 지니는 차가움을 완화시켜 편안함을 느끼게 해 준다. 우상숭배를 금지한 이슬람 교리에 따라 생물을 대상으로 한 표현을 자제하고 있다. 내부 장식도 유럽의 다른 궁전들처럼 보석이나 그림, 테피스트리, 조각품 등으로 화려하게 꾸미지 않았다. 대신 주로 자연과 천문 등에 기초한 기하학적인 문양으로 구성하여 정교하면서도 소박한 모습을 보이고 있다. 치밀하고 섬세한 아랍인들의 뛰어난 세공 기술과 종교적 소박미를 동시에 엿볼 수 있다. 한 마디로 이슬람 예술의 정교함과 소박함이 종교적 경건함과 잘 어우러져 귀족적인 우아함으로 거듭난 걸작이다. 강건 질박한 술탄의 처소로 어울리는 곳이다. 여러 왕들을 거치면서 증축되었으나, 가장 중요한 건축물들은 주로 유스프 1세(1332-1354)와 무하마드 5세(1354-1391) 때 건설되었다.

주요 건물로는 술탄이 접견실로 쓰던 메후아르, 가장 아름다운 구조물들 중의 하나로 평가받는 도금양(桃金孃) 궁전, 사자들의 궁전, 별궁인 헤네랄리페 등을 들 수 있다. 특히 13세기 무하마드 2세(1273-1302) 때 조성된 별궁인 헤네랄리페는 물이 귀한 아프리카와 중동에서 살아온 이슬람교도들이 건설한 궁전답게 곳곳에 아름다운 연못과 분수가 즐비한 정원과 꽃길을 정교하게 조성해 놓았다. 알람브라 궁전 밖 동쪽 인근에 있는 태양의 언덕에 위치해 있다.

알람브라 궁전은 오랜 세월 동안 정부와 시민들의 무관심 속에 방치되었다. 1808년 나폴레옹 군이 점령해 막사로 사용하기도 했고 1821년에는 지진으로 피해를 입기도 했다. 이에 알람브라 궁전의 아름다움과 역사적 가치가 훼손되는 것을 안타깝게 여긴 세계 각국의 지식인들이 보존 및 복원 운동을 전개했다. 특히 1829년 미국의 작가이자 외교관인 워싱턴 어빙이 '알람브라 이야기'를 집필하면서 세간의 이목을 집중시켰다. 1870년 스페인 정부에 의해 문화재로 지정되었고, 1984년에는 유네스코 세계유산으로 등록되었다.

Memorándum

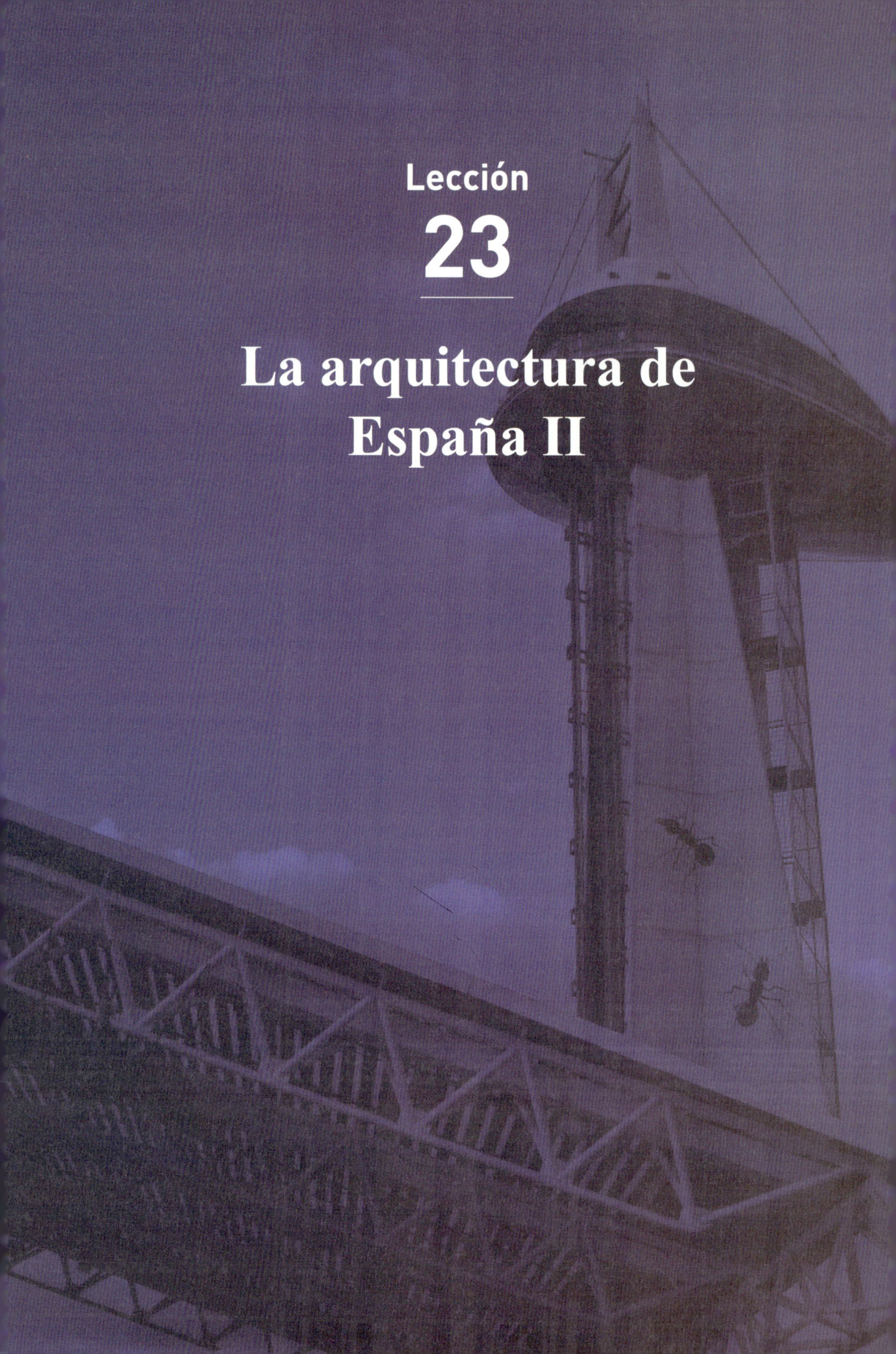

Lección

23

La arquitectura de España II

Lecturas en Español :
Nivel Básico

<La Plaza Mayor de Salamanca>

<El Palacio Real de Madrid>

La arquitectura de España II

La arquitectura barroca se desarrolla desde el principio del siglo XVII. Este estilo se caracteriza por el libre empleo de las curvas, la decoración lujosa y variada, y el exceso de énfasis y abundancia de ornamentación.

El barroco español mantiene raíces en Herrera y en la construcción tradicional en ladrillo visto (ladrillo de Talavera), desarrollada en Madrid a lo largo del siglo XVII. Buenos ejemplos son la Plaza Mayor y la Casa de la Villa de Madrid, antigua sede del Ayuntamiento de Madrid. El Palacio Real de Madrid y la Puerta de Alcalá merecen ser mencionados también. El Palacio de la Granja de San Ildefonso de Segovia y el Palacio de Aranjuez son otros buenos ejemplos de la integración de arquitectura y jardines del barroco, pero con concepción espacial local, que de alguna manera muestra la herencia de la ocupación musulmana.

En España el barroco culmina con José Benito de Churriguera (1665-1725), cuyo estilo llamado el churrigueresco se caracteriza por la abundancia y protagonismo de la recargada decoración. Las obras principales son la Iglesia de San Millán y San Cayetano de Madrid, la fachada de la Plaza Mayor de Salamanca y el retablo mayor del Convento de San Esteban de Salamanca.

Dos tercios del siglo XVIII corresponde con el estilo rococó. A diferencia del ambiente pesado y masculino del barroco, en el rococó se notan los colores luminosos, suaves y claros. Se da la impresión agradable, refinada, exótica y sensual.

En España el mejor representante del estilo es Ventura Rodríguez (1717-1785), responsable de la Santa Capilla de la Virgen del Pilar (1750) en el interior de la Catedral–Basílica de Nuestra Señora del Pilar de Zaragoza.

Como reacción contra los excesivos efectos decorativos del barroco y del rococó, los arquitectos prestaron atención al equilibrio de los modelos clásicos y a la claridad y la sencillez de los romanos a mediados del siglo XVIII. Este nuevo estilo se llama el neoclásico. Concepto de belleza basado en la pureza de las líneas arquitectónicas, en la simetría y en las proporciones sujetas a las leyes de la medida y las matemáticas, gusto por la sencillez, con predominio de lo arquitectónico sobre lo decorativo, son las características de este estilo. Se emplean los elementos básicos de la arquitectura clásica: columnas, órdenes dórico y jónico, frontones, bóvedas, cúpulas, etc.

La Iglesia de San Marcos de Madrid es un buen ejemplo. Esta es una obra principal de Ventura Rodríguez. Las Fuentes de Cibeles, Apolo, Neptuno, también diseñadas por él, son consideradas obras maestras del neoclasicismo español. El neoclasicismo español tuvo su cumbre en el trabajo de Juan de Villanueva (1739-1811). Él construyó el Museo del Prado y el Observatorio Astronómico del Buen Retiro en Madrid.

Para el siglo XIX merecen ser mencionadas dos tendencias: el eclecticismo y el historicismo.

La arquitectura eclecticista es la que combina varios estilos anteriores en un edificio, sin seguir un solo orden arquitectónico. Esta corriente llegó a España en los últimos años del siglo. Uno de los edificios eclecticistas más importantes es el Palacio de Comunicaciones de Madrid, diseñado por Antonio Palacios y Joaquín Otamendi. Fue inaugurado en 1909.

A finales del siglo XIX un nuevo movimiento arquitectónico surgió en Madrid: un resurgimiento de la arquitectura mudéjar, el neomudéjar. Se comenzaron a construir edificios empleando algunas de las características del antiguo estilo, como los arcos de herradura y la ornamentación abstracta en ladrillo para las fachadas. De ahí el historicismo. La obra representativa es la plaza de Toros de Las Ventas de Madrid.

El siglo XX comenzó con la llegada del modernismo o *Art Nouveau* en las corrientes intelectuales. El representante es Antonio Gaudí (Antoni Gaudí en catalán, 1852-1926). Creó su propio estilo basado en la observación de la naturaleza. Utilizó fructuosamente las formas geométricas regladas, como el paraboloide hiperbólico, el hiperboloide, el helicoide y el conoide. En su arquitectura integró toda una serie de artesanías como cerámica, vidriería, forja de hierro, carpintería, etc. La Casa Milà, el Parque Güell y la

Sagrada Familia son sus obras monumentales.

Además de las construcciones de Antonio Gaudí, muchos otros edificios artísticos se han construidos en el siglo XX, como la Plaza de España de Sevilla (1929), las Torres Blancas de Madrid (1969), el Museo Guggenheim de Bilbao (1997), la Ciudad de las Artes y las Ciencias de Valencia (1998), etc.

<La Ciudad de las Artes y las Ciencias de Valencia>

Al referirse al estilo arquitectónico hay que tener en cuenta que varios estilos pueden convivir en una construcción tanto por el largo período de su construcción como por varios arquitectos que participaron en la construcción. Por ejemplo, en el Alcázar de Sevilla han quedado las influencias de los musulmanes, pero la mayor parte de este palacio se ha construido y decorado con los estilos cristianos, gótico, renacentista y barroco, después de la reconquista de la ciudad. El Palacio Real de Madrid empezó a construirse en 1738 y se terminó en 1892. Es de estilo barroco-clasicista. Participaron Juan Bautista Sachetti, Francesco Sabatini, Ventura Rodríguez, etc. La Plaza Mayor de Madrid también tiene una larga historia complicada. Desde el siglo XVI hasta el siglo XX muchos arquitectos asistieron para construir, reconstruir o restaurar algunas partes de la plaza. Entre ellos, Juan de Herrera y Juan de Villanueva son autores importantes.

Por la relevancia artística de muchas estructuras arquitectónicas, España es uno de los países que poseen más monumentos como Patrimonio de la Humanidad y que ofrecen un auténtico sabor de las culturas históricamente importantes.

성 가족 성당

안토니오 가우디(1852~1926)가 1883년 짓기 시작해 사망할 때까지 몰두한 건축물이다. 초석을 놓은 지 벌써 130년이 넘었으나 아직까지 미완성이다. 현재도 입장료 수입과 기부금 등으로 조금씩 계속 올라가고 있으며 완공 기일은 미정이다. 완공 시 건물의 크기는 대략 가로 150m, 세로 60m, 높이 170m 정도로 예상된다고 한다. 가우디의 건축관과 종교관이 가장 잘 표현된 걸작으로 평가된다. 가우디 건축의 특징은 자연에서 주로 모티브를 따와 기하학적인 문양과 곡선이 많고 주변과의 조화가 자연스러운 것이 특징이다. '성 가족'이란 예수와 그의 가족, 즉 요셉과 성모 마리아를 가리키는 것으로 그 이름에서 가우디의 독실한 신앙심을 엿볼 수 있다.

외부 모습은 전체적으로 입체기하학에 기초한 네오고딕 양식이다. 종루는 마치 옥수수를 연상시킨다. 중간 중간에 사각형 구멍들이 숭숭 뚫려있는데 모두 비스듬하게 아래를 향해 있다. 이는 종소리가 아래로 더 멀리까지 퍼져 나가게 하기 위해 고안된 것이라고 한다. 중앙 브릿지에 황금 예수상이 설치되어 있다. '부활'을 의미한다고 한다. 총 3개의 문이 있다. '탄생의 문'은 가우디가 생전에 완성한 것으로 출구에 해당한다. 입구에 해당하는 '수난의 문'은 1976년에 완공되었다. 예수 수난상이 조각되어 있는데, 가우디의 건축관과 달라 이질적이라는 평을 받고 있다. '영광의 문'은 건설 예정이다. 각 문을 중심으로 4개씩의 탑을 설치할 예정이며, 12개의 탑은 12사도를 상징한다고 한다. 그리스도를 상징하는 중앙 탑과 약 140m 높이의 성모 마리아를 상징하는 탑도 건설할 예정이라고 한다.

내부의 모습도 매우 입체적이고 기하학적이다. 달팽이와 산호를 연상시키기도 하고, 장엄하고 아름답게 빛나는 우주 공간을 나는 듯한 착각이 들게 하기도 한다. 장식은 매우 섬세하고 예리하며 몽환적인 느낌을 준다. 종교적 신비함과 경건함이 절로 묻어나는 분위기를 자아낸다. 가우디의 예술성과 천재성이 잘 드러나 있다. 바르셀로나에는 구엘 공원이나 카사 밀라, 카사 바트요 등 가우디의 작품들이 많지만, 이 '성 가족 성당'이야말로 가우디, 더 나가서는 바르셀로나를 대표하는 건축물이다.

Memorándum

Lección

24

La Guerra Civil Española

Lecturas en Español :
Nivel Básico

<Guernica>

<Toledo>

Lección 24

La Guerra Civil Española

No se conoce mucho sobre la Guerra Civil Española (1936~1939) en Corea. Sin embargo, este suceso, que ocurrió muy poco antes del comienzo de la Segunda Guerra Mundial, tiene una gran importancia en la historia internacional. Este enfrentamiento, que tomó la forma de una guerra interna entre representantes de la izquierda y la derecha de un país –republicanos y nacionalistas o falangistas en este caso–, fue la primera contienda ideológica moderna en la historia mundial. Al término de esta guerra, un régimen militar dictatorial tomó el gobierno del país y la democracia solo pudo alcanzarse varias décadas después. Este proceso histórico, anterior en el tiempo pero similar en su desarrollo al de Corea, puede servir a los coreanos para reflexionar acerca de su historia contemporánea.

Con los 24 millones de habitantes que tenía entonces España, la mitad de los cuales eran analfabetos, solo 20 mil personas –los terratenientes– eran dueñas de la casi totalidad de la tierra cultivable. El campesinado estaba sumergido bajo el yugo de un sistema de arrendamiento injusto. En la zona de Valencia, por ejemplo, un campesino solo disponía de la vigésima parte de su cosecha para su usufructo, el resto era para el propietario. Sin ningún derecho, su estado era comparable a la esclavitud. La situación de la población obrera y minera no era mejor. De este modo, las ideas de la revolución bolchevique y anarquista arraigaron fácilmente en estas personas y en algunos sectores de clase media urbana, que abrazaron el bando de los republicanos o liberales. En el otro extremo, la clase dominante española estaba integrada por los terratenientes, los acaudalados industriales, gran parte del clero y los militares, los cuales se alinearon en la fila de los conservadores y fascistas.

Al comenzar la década de los 30, se hicieron frecuentes las huelgas generales de mineros y obreros que trabajaban en las grandes ciudades y zonas industriales. Los manifestantes eran duramente reprimidos a través de la fuerza, como ocurrió en la revuelta de Asturias de octubre de 1934, que fue violentamente sofocada por el general Francisco Franco. En las elecciones del 16 de febrero de 1936, el Frente Popular, constituido por una alianza de comunistas, socialistas, anarquistas y derechistas moderados, ganó los comicios y constituyó la Segunda República. El gobierno izquierdista del Presidente Manuel Azaña tomó medidas drásticas y revolucionarias para lograr las reformas sociales que se esperaban. La oligarquía económica y el clero se sintieron amenazados y decidieron acudir al fascismo y al ejército para recuperar el poder a través de un golpe de Estado.

La Guerra Civil estalló el 17 de julio del mismo año, cuando ocurrió un alzamiento militar en Marruecos encabezado por el general Franco, y se extendió rápidamente por todo el país. De inmediato, en las grandes ciudades los civiles se organizaron en milicias populares que resistieron a las fuerzas del ejército nacionalista. De este modo, lo que comenzó como una conspiración militar se convirtió en poco tiempo en una guerra civil que involucró a toda la sociedad.

Los nacionalistas tenían en su poder Andalucía al sur y Galicia, Castilla y León y Navarra al norte. El resto, en especial las grandes ciudades, estaba en manos del ejército republicano. El objetivo de Franco era unir su ejército que estaba repartido en norte y sur. Logró el primer paso ocupando Extremadura, pero la toma de Madrid no fue fácil debido a la enérgica resistencia de los republicanos. La consigna "¡No pasarán!" que circuló entonces refleja muy bien la voluntad republicana de defender a muerte la ciudad capital. Sin embargo, amenazado por el asedio, el gobierno republicano debió trasladarse primero a Valencia y luego a Barcelona.

La Guerra Civil Española atrajo la atención internacional desde el primer momento y ambas partes hicieron lo posible para lograr la ayuda del exterior. El ejército nacionalista de Franco recibió el auxilio de los gobiernos italiano y alemán. Mussolini envió a España armamento y tropas e Hitler a su Legión Cóndor. Por su parte, la República recibió ayuda de la Unión Soviética, que les envió armamento y material bélico. También contó con la ayuda de las Brigadas Internacionales, formadas por soldados voluntarios que venían de todo el mundo para luchar contra el fascismo.

Con el paso del tiempo, la balanza de la guerra fue inclinándose a favor de los nacionalistas, que poseían un ejército mucho mejor armado y adiestrado. Por otra parte, desde un principio las fuerzas de este bando estaban sólidamente unidas desde el plano político y militar alrededor de Franco, mientras que el gobierno republicano estaba debilitado por las divisiones internas y su ejército carecía de una dirección militar conforme a las circunstancias. Los aviones, los tanques y los soldados que enviaron Hitler y Mussolini, que se estaban preparando para una guerra mayor, la Segunda Guerra Mundial, fueron decisivos para determinar la derrota republicana. En el verano y otoño de 1937, los franquistas ocuparon Asturias y el País Vasco y en abril de 1938, cortaron las comunicaciones entre Cataluña y Valencia, dividiendo la zona republicana en dos partes. Los republicanos respondieron con una contraofensiva que fue 'la Batalla del Ebro', el combate más encarnizado de la Guerra Civil, que duró cuatro meses y terminó con la derrota del lado republicano y más de 70.000 bajas.

El fracaso militar del Ebro extinguió la resistencia republicana. Comenzó entonces el exilio de cientos de miles de republicanos al exterior a través de la frontera francesa, incluidos los miembros del gobierno. Madrid fue la última ciudad en entregarse y su ocupación por Franco el 28 de marzo de 1939 marcó el fin de la Guerra Civil, que concluía luego de dos años y ocho meses de cruentos enfrentamientos.

No se sabe a cuánto ascendieron exactamente las víctimas de la guerra, pero entre los muertos en combate, las ejecuciones y los asesinatos y debidos al hambre y a las enfermedades, se calcula que fueron cerca de un millón de personas. El término de la guerra no significó el fin de los sufrimientos. Decenas de miles de republicanos que no pudieron huir padecieron la cárcel, las torturas y las persecuciones y la sociedad entera fue sujeta bajo una férrea represión. Las heridas de esta guerra fratricida no sanaron nunca del todo y sus secuelas perduraron durante larguísimo tiempo en la sociedad española. La sociedad internacional, por su parte, se dividió en partidarios y opositores de Franco y se preparó para un enfrentamiento mundial a gran escala, la Segunda Guerra Mundial. Dentro de España, la dictadura militar franquista se mantuvo en el poder durante 38 años.

Exactamente once años después del fin de la Guerra Civil Española, como un efecto *big–bang* que sacudió al mundo entero, el enfrentamiento izquierda–derecha trasladó su escenario a la Península Coreana y una violenta guerra de índole ideológica dividió al pueblo coreano. La herida aún abierta de esta guerra civil es la división de Corea en dos regímenes opuestos.

La toma del Alcázar de Toledo

Los combates por la toma del Alcázar de Toledo fueron uno de los hechos más sonados a principios de la Guerra Civil. Al conocerse la rebelión de Franco en el norte de África, el 20 de julio de 1936 el coronel Moscardó y sus hombres, después de tres días de combates en las calles con las fuerzas leales al gobierno, se hicieron fuertes en el Alcázar, una fortaleza de piedra situada en un cerro que domina el río Tajo y la ciudad. Aunque Toledo se hallaba en manos de los republicanos, la ocupación del Alcázar por parte de los nacionalistas revestía una gran importancia simbólica, pues el edificio era la sede de la Academia Militar a la que habían asistido Franco y muchos oficiales de alto cargo. Además, por su proximidad a Madrid (70km) el Alcázar era esencial desde el punto de vista militar y estratégico.

El coronel Moscardó y sus hombres se encontraban en la fortaleza con sus propias familias y un centenar de rehenes, en su mayoría mujeres y niños familiares de conocidos izquierdistas, los cuales fueron ejecutados casi al comienzo del asedio. Resistieron alrededor de 70 días el sitio de los republicanos, que casi redujeron a escombros la fortaleza sin lograr que Moscardó se rindiera. En el ínterin incluso fue muerto el hijo de este coronel, de 16 años de edad. El joven fue capturado por los republicanos y estos amenazaron con matarlo si Moscardó no se rendía. El muchacho fue puesto al habla con su padre a través del teléfono y gimoteando le pidió que se rindiera; el coronel le respondió que encomendara su alma a Dios y que muriera como un héroe al grito de "¡Viva España!". Se dice que el joven fue baleado al instante y Moscardó pudo escuchar por teléfono el tiro que mató a su hijo. Este teléfono todavía se conserva y está en exhibición en el Alcázar, que tuvo que ser restaurado por completo posteriormente.

La resistencia de Moscardó y sus hombres obtuvo su fruto, pues fueron auxiliados por Franco en su avance hacia Madrid y el 26 de septiembre Toledo y su Alcázar pasaron a manos nacionalistas, convirtiéndose el suceso en un verdadero símbolo de heroísmo y lealtad para los franquistas.

Sin embargo, al parecer los hechos fueron desvirtuados para resaltar el heroísmo de Moscardó, puesto que en realidad su hijo no fue ejecutado de inmediato sino varios días después junto con otros prisioneros como venganza por los bombardeos nacionalistas. Como sea, los episodios de Toledo muestran la crudeza de los enfrentamientos que tuvieron lugar durante la Guerra Civil Española.

El bombardeo de Guernica

En medio de la Guerra Civil, el 26 de abril de 1937, la Legión Cóndor alemana bombardeó Guernica, un pequeño pueblo de la región vasca. Este pueblo, aunque estaba ubicado en una zona republicana, no poseía instalaciones militares ni estaba relacionado de alguna manera con la guerra, simplemente era una pequeña y pacífica aldea rural. Cabe preguntarse por qué la aviación alemana eligió como blanco de su ataque a esta aldea en lugar de una gran ciudad. La respuesta es que el objetivo real de la participación alemana en la Guerra Civil Española no era tanto apoyar a Franco como probar su armamento y sus técnicas de aviación y bombardeo, al mismo tiempo que mostrar al mundo su terrible poderío militar, antes de desplegar su tropa en la ocupación de toda Europa. Por esta razón, el ataque fue desproporcionado y las consecuencias fueron terribles. El bombardeo duró tres horas con unas 32 toneladas de bombas. La aldea fue prácticamente borrada del mapa, murieron unos 1.500 civiles y más de 800 fueron heridos. El ataque de Guernica fue la peor tragedia de la Guerra Civil Española.

Cuando Picasso conoció estos terribles sucesos, pintó en París en menos de dos meses 'el Guernica', una de las obras más conocidas del genial pintor español. La tela, de 350×775cm, fue exhibida en la Exposición Mundial de París del mismo año, logrando un gran impacto como denuncia de los horrores de la guerra y del salvaje ataque a Guernica. En la tela se puede ver a una mujer que está llorando con su hijo muerto en brazos, a un caballo –que simboliza al pueblo– atravesado por una lanza, a un toro que está bramando –símbolo de la brutalidad– y un cuchillo roto –que representa el deseo de ver acabados la violencia y el fascismo–, entre otras muchas cosas. Siguiendo los deseos de Picasso, la pintura fue traída a España cuando esta recuperó la democracia y en la actualidad es exhibida en el Museo Reina Sofía.

스페인 내전과 민주화 이행기

19세기 말부터 스페인 사회는 격렬한 좌우 이데올로기 대립의 장이 된다. 1870년 제1인터내셔널 스페인 지부, 1879년 스페인사회노동당(PSOE), 1888년 노동자총동맹(UGT), 1921년 11월에는 스페인공산당(PCE)이 결성되었다. 1931년 4월 총선에서 스페인사회노동당을 주축으로 하는 좌파연합이 승리함으로써 제2공화국이 수립되고 왕정이 폐지되었다. 알폰소 13세는 자진 퇴위하고 해외로 망명했다. 1936년 총선에서 또 다시 좌파 연합체인 인민전선이 승리를 거두었다. 공화파 정부는 정파 간의 권력 투쟁과 이해 대립으로 지도력을 발휘하지 못했다. 좌우익 상호 간에 무장 테러가 속출하고 사회는 통제 불능 상태에 빠졌다.

1936년 7월 17일 프랑코 장군을 주축으로 북아프리카 주둔군이 봉기했다. 군부 반란 소식을 접한 마드리드, 바르셀루나, 빌바오, 발렌시아 등 대도시의 시민들은 총기로 무장하고 공화국 정부 사수에 나섰다. 더 나아가 독일의 히틀러와 이탈리아의 무솔리니는 프랑코 반군 지원에 나서고 영국, 프랑스, 미국 등에서는 국제여단이 조직되어 공화국 정부를 지원했다. 내전이 국제전으로 비화된 것이다. 최초의 좌우 이데올로기 전쟁이자 제2차 세계대전의 전초전이었다. 약 3년 동안의 치열한 공방전 끝에 1939년 4월 프랑코 군이 승리했다.

이때부터 약 37년간에 걸친 프랑코 총통의 독재가 시작되었다. 스페인은 제2차 세계대전 종전 후 유엔을 비롯한 대부분의 국제기구에서 축출되어 국제 사회에서 고립되었다. 그러나 동유럽이 공산화 되자 반공의 보루로 부각되었다. 1959년 바스크분리주의 단체인 ETA(Euskadi Ta Askatasuna '조국 바스크와 자유')가 결성되어 무장 테러가 기승을 부렸다. 1969년 프랑코 총통은 알폰소 13세의 손자인 후안 카를로스를 후계자로 지명했다. 1975년 11월 20일 프랑코 총통이 사망하고 이틀 후 후안 카를로스가 국왕에 취임했다.

1976년부터 1982년까지를 민주화 이행기라고 한다. 새 국왕은 중도우파 성향의 아돌포 수아레스를 수상에 임명하고 민주화 과정을 밟아 나갔다. 한쪽에서는 40여 년간 억눌렸던 민주화와 자치 요구가 봇물처럼 쏟아지고 다른 한쪽에서는 좌경화를 우려하는 기득권 세력의 탄압이 격화되었다. 계속되는 좌우간의 무장 테러로 정국의 불안이 가중되고 쿠데타 설이 만연했다. 실업이 증가하고 자본의 해외도피가 성행했다. 이에 1977년 10월 각 정파의 지도자들은 몽클로아에 모여 국가적 위기를 타개하고 내전 상황을 되풀이 하지 않기 위해 대타협을 이루었다. 이른바 '몽클로아 협약'이다. 공산당과 노조를 합법화 하고 새로운 헌법을 제정해 정치사회 문제를 해결하고 경제를 되살리고자 한 것이다. 이 대타협 정신은 이후 민주화 이행기의 핵심 기조가 되며 아직도 스페인 사회를 이끄는 원동력으로 작용하고 있다. 또한 구체제 인사들은 선거개혁을 통해 조용히 퇴진시키는 방법으로 과거사를 정리했다. 1978년 12월 새 헌법이 제정되어 국민투표를 통과했다. 1979년 5월 200년 전통의 스페인사회노동당이 마르크스주의 포기와 자본주의 경제체제 지지를 공식 선언했다. 그 와중에서도 구체제의 대표 격인 군부의 저항은 계속되었다. 1981년 2월 23일 칼보 소텔로 신임 수상의 취임식이 열리는 국회의사당에 안토니오 테헤로 몰리나 중령이 이끄는 일단의 무장 보안군이 난입해 점거했다. 국왕에 대한 친위 쿠데타를 표방했으나 다음 날 국왕은 TV 연설을 통해 민주화에 역행하는 폭력 행위에 대해 단호한 반대 의사를 표명함으로써 구체제 세력의 마지막 저항은 무위로 끝났다. 1982년 펠리페 곤잘레스가 이끄는 중도좌파의 사회노동당이 집권함으로써 스페인의 민주화 이행기가 마무리 되었다. 대타협 정신과 비폭력적 과거청산은 스페인이 내전과 군부독재가 낳은 과거의 상처를 빠른 시일 내에 치유하고 새로운 사회를 건설하는 데 큰 밑거름이 되었다.

Memorándum

Lección

25

La Ruta de don Quijote

Lecturas en Español :
Nivel Básico

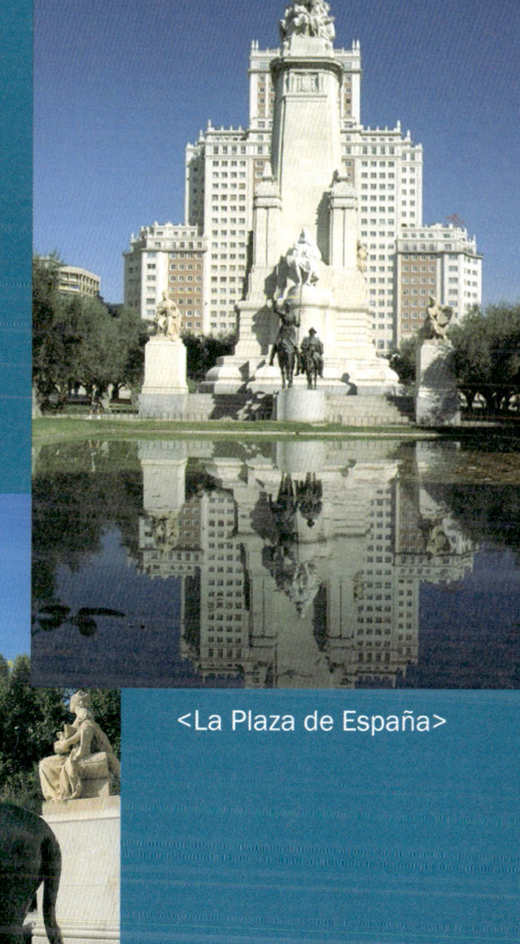

<La Plaza de España>

<Don Quijote y Sancho Panza>

Lección 25

La Ruta de don Quijote

No sería exagerado considerar *El ingenioso hidalgo don Quijote de la Mancha* (1605, 1615) como la mejor obra literaria en la historia occidental. Una prueba elocuente es que ha sido traducida a más de 60 idiomas y es el libro más publicado después de la Biblia. Su protagonista don Quijote es un paradigma del idealismo. Sus actitudes tan absurdas como arremeter contra unos molinos de viento por confundirlos con unos gigantes o atacar a una manada de ovejas por creer que se trata de una hueste enemiga ya no se interpretan como la locura de un desequilibrado mental, sino el deseo de todo ser humano de no ceder ante la injusticia y de perseguir un mundo de ideales y de libertad.

Resultaría absurdo calcular todo el amor y el orgullo que sienten los españoles por el autor universal Miguel de Cervantes Saavedra (1547-1616) y su obra inmortal. Cada año, al llegar el 23 de abril, fecha de su fallecimiento, muchos ciudadanos se reúnen en el Salón de Bellas Artes para leer algún fragmento de *Don Quijote* en voz alta, aunque tengan que hacer largas colas esperando su turno.

Tradicionalmente, el que inicia la lectura es el ganador del Premio Cervantes de ese año y le siguen personalidades de diferentes sectores, desde famosos políticos o escritores hasta estudiantes o taxistas. De este modo, un sinfín de personas rinden homenaje al escritor a través de su participación en el evento.

Se puede apreciar la obra desde otra perspectiva repitiendo el recorrido que hizo don Quijote. Podríamos empezar el viaje desde Toledo. La razón por la cual mencionamos esta ciudad es que Cervantes manifiesta en su libro que adquirió a precio regalado la versión original en árabe de *Don Quijote* en el mercado de esta ciudad. Para respirar el ambiente de aquel entonces, es recomendable recorrer el mercado y las callejuelas de esta ciudad, en donde se conserva casi intacta la historia de España.

A una hora en coche al sureste de Toledo se encuentra Consuegra. Este pueblo es el escenario del famoso episodio de los molinos de viento. En la colina detrás del pueblo aún siguen de pie unos diez molinos en buen estado. En el último fin de semana de octubre, se celebra la Fiesta de la Rosa del Azafrán, en donde tiene lugar el Concurso de Dulcinea en honor de la amada de don Quijote.

Siguiendo un poco más al sur, se llega a Puerto Lápice. Este es el lugar en donde don Quijote fue nombrado como caballero. Él confunde la venta del pueblo con un castillo y le pide al ventero que le nombre como caballero. Ante la petición tan insistente de don Quijote, el dueño de la venta finge ser el señor del castillo y lleva a cabo el rito de nombramiento con toda seriedad. En el lugar de la venta se levanta ahora un edificio del siglo XVIII, que fue utilizado durante mucho tiempo como ayuntamiento.

Al seguir la ruta hacia el noreste, aparece otro pueblo de molinos llamado Campo de Criptana. Si los molinos de Consuegra, por su tamaño y disposición ordenada, parecen los gigantes del mundo fantástico de don Quijote a punto de dar batalla, los de este pueblo dispersos entre las flores silvestres podrían ser comparados con los gigantes en fuga después del duro combate.

En un lugar no muy lejos de aquí, se sitúa El Toboso, lugar en donde vive Dulcinea, la amada de don Quijote. Profundamente enamorado de ella, llega a este pueblo tras sufrir miles de aventuras. Sin embargo, no puede encontrarse con ella debido a que nadie la conoce y al ver a una aldeana tosca y fea en las afueras del pueblo, se lamenta de que su bellísima amada haya sido convertida en una mujer fea por el hechizo de algún encantador. En la actualidad, la llamada casa de Dulcinea representa una típica vivienda tradicional del siglo XVII. Al entrar a este pueblo o mejor dicho desde el momento en que uno comienza a leer *Don Quijote*, estas dos personas no son meramente los personajes ficticios de la novela, sino que se convierten en personajes históricos que existieron de verdad. En la casa de Dulcinea, se conserva todo tipo de utensilios que supuestamente ella utilizó, incluyendo las sillas, la mesa y la cama, lo cual hace más verídica esa confusión entre la novela y la realidad.

Aunque aquí mencionamos solo algunos de los muchos pueblos en que estuvo don Quijote, si uno pasea por las silenciosas calles de la provincia de La Mancha, se dará cuenta de que las aventuras, las frustraciones y el sueño de nuestro protagonista no distan mucho de la vida real, en la que nunca renunciamos a la esperanza aún ante las dificultades. Si uno desea sentir un poco más de cerca el espíritu de don Quijote y Sancho Panza, su escudero, no será mala idea probar los platos típicos elaborados en los restaurantes locales, como estofado de conejo, perdices asadas o queso manchego. Todo bien rociado con buen vino castellano, como el Valdepeñas.

라만차 기행

돈키호테가 한 여름 불볕더위에 땀을 뻘뻘 흘리며 걸었던 라만차는 '고원'라는 뜻을 가진 아랍어로부터 나온 것이라고 한다. 톨레도, 시우닷 레알, 쿠엥카, 알바세테 지방을 아우르는 스페인 중남부의 드넓은 평야지대이다. 여름과 겨울 기후가 혹독하고 사막과 같이 건조한 지역이다. 포도, 올리브, 밀 등이 많이 생산되고 목축도 성행하고 있다. 알바세테 지방의 발데페냐스 산 포도주와 라만차 치즈가 유명하다.

마드리드에서 출발하면 가장 먼저 들를만한 도시가 아랑후에스이다. 남쪽으로 약 40km쯤 떨어져 있다. 예쁘고 아담한 궁전이 있는 도시이다. 호아킨 로드리고의 '아랑후에스 협주곡'으로 친숙한 도시이다. 타호강을 끼고 조성된 궁전 정원이 특히 아름답다. 여기서 남서쪽으로 30km쯤 더 내려가면 톨레도가 나온다. 라만차 지방에서 가장 큰 도시이다. 고대, 중세, 현대와 가톨릭, 이슬람, 유대교 문화가 시공을 초월해 함께 어우러져 있는 그야말로 '역사와 문화의 도시'이다. 도시 자체가 하나의 거대한 박물관이자 문명의 용광로이다. 스페인을 알려면 반드시 가봐야 할 도시이다. 서고트 왕국의 수도였고 그 후에도 늘 정치, 문화, 역사적으로 중요한 위치를 차지하고 있는 성채이다. 차로 약 한 시간쯤 남쪽으로 더 내려가면 칼라트라바 라 비에하라는 작은 성채가 있다. 안달루시아에 가까운 지역이다. 칼라트라바 기사단이 창설된 지역이다. 1158년 시스테르 수도회는 이 지역을 재정복한 공로로 국왕 알폰소 8세로부터 이 도시를 증여받고 방어를 위해 기사단을 창설했다. 이후 기사단은 재정복 전쟁에서 꾸준히 공을 세워 카스티야와 아라곤에 광대한 영지와 막강한 병력을 소유하고 정치, 군사적 힘을 발휘했다. 국왕에게 복종하는 것이 아니라, 단장과 교황에게만 복종함으로써 종종 국왕과 마찰을 빚기도 했다. 안달루시아 재정복과 재입식에 깊이 개입해 하엔, 코르도바, 세비야 등지에도 많은 영지를 소유했다. 1487년 페르난도 국왕이 기사단장에 임명된 후 모든 재산은 국가에 귀속되었으며 대대로 국왕이 단장을 맡았다. 그 후로는 종교적, 군사적 기능이 점차 감소했다. 현재는 명예직이다. 산티아고 기사단, 알칸타라 기사단과 더불어 스페인의 대표적인 기사단이다.

기수를 북동쪽으로 돌려 한 시간쯤 가면 둘시네아 공주가 살았던 엘 토보소가 나온다. 이 주변이 돈키호테가 걸었던 길, 즉 Ruta de don Quijote이다. 여기서 북동쪽으로 차로 다시 한 시간 쯤 거리에 쿠엥카가 있다. 높은 구릉 위에 세워져 있고 후카르강과 우에카르 강이 주변을 에워싸고 흐르는 요새 도시이다. 구도심 외곽은 대부분 절벽을 따라 형성되어 있어서 많은 건물들이 절벽 끝에 아슬아슬하게 서 있다. 가파른 절벽 밖으로 삐쭉 튀어나온 발코니는 오금을 저리게 한다. Casas colgadas라고 불리는 집들이다. 밑에서 올려다보는 풍경은 가히 '초현실주의적'이다. 다시 기수를 아랑후에스 쪽으로 돌려 중간쯤 가면 우클레스라는 작은 마을이 있다. 산티아고 기사단의 본부 성채가 있는 곳이다. 언덕 위에 웅장하게 서 있는 수도원 건물이 장관이다.

어휘표

A

a prep. ~를, ~에게, ~쪽으로, ~를 위해
abandonado,da adj. 버려진, 고독한
abandonar tr. 버리다, 단념하다
abarcar tr. 품다, 껴안다, 짊어지다, 포함시키다
abierto,ta adj. 열린, 트인, 개방적인
abolición f. 폐지
abrazar tr. 껴안다, 포함하다
abril m. 4월
abrir tr. 열다, 펴다; intr. 열리다, 펴지다
ábside f.(m.) 반원감(半圓龕)
absoluto,ta adj. 절대적인, 무조건적인
absurdo,da adj. 불합리한
abuelo,la m.f. 조부, 조모
abundante adj. 풍족한, 풍부한
abundar intr. ~이 많이 있다, 풍족하다.
acabar tr. 끝내다, 마치다; intr. 끝나다, 죽다
academia f. 아카데미아, 학교, 학원
acaudalado,da adj. 부유한
acceso m. 접근, 통로
accidentado, da adj. 기복이 심한, 사고가 많은; m.f. (사고의) 희생자
accidentar tr. 사고를 일으키다
accidente m. 사고, 우발적 사건
aceptación f. 승낙, 수락
aceptar tr. 받아들이다, 승낙하다, 수락하다
acerca adv. 가까이, (~de) ~에 대해
acercar tr. 접근시키다, 가까이 하게 하다; ~se 접근하다
acoger tr. 맞아들이다, 수용하다
acompañar tr. 같이 가다, 동반하다, 동행하다
aconsejar tr. 조언하다, 권고하다
acorde adj. 일치된, 조화를 이룬
acordeón m. 아코디언
acostumbrar tv. 길들이다, 익숙하게 하다; ~se 익숙해지다
acreditar tr. 신용하다, 신임하다
actitud f. 태도, 자세
actividad f. 활동, 활발
activo,va adj. 능동적인, 활발한, 활동적인
actor m. 배우
actual adj. 현실의, 현재의
actualidad f. 현실, 현재
acuario m. 어항, 수족관; A~ 물병자리
acudir intr. (어떤 수단에) 호소하다, 구원을 청하다; (누구에게) 가다
acuerdo m. (의견의) 일치, 동의, 협정, 협약

acumulado,da adj. 쌓인, 축적된
acusación f. 비난, 고소
acusar tr. 비난하다, 고발하다
adelantado,da adj. 진보한, 앞선
además adv. 더욱이, 게다가, 그밖에
adentro adv. 안으로, 속으로; m.(pl.) 내심, 속마음, 본심
adiestrar tr. 훈련하다, 교육하다; 조련하다
adiós interj. 안녕!
administrar tr. 관리하다, 경영하다, 다스리다, 통치하다
administrativo, va adj. 관리의, 경영의, 행정이
adónde adv. 어디로, 어디에
adorador,ra adj.. 숭배하는, 예찬하는; m.f. 숭배자, 예찬자
adquirir tr. 얻다, 달성하다
advertir tr. 알아채다, 경고하다
aeróbico,ca adj. 에어로빅의
aeronáutico,ca adj. 항공(술)의
aficionado,da adj. ~를 좋아하는; m.f. 팬, 애호가
afilado,da adj. 예리한, 날이 선
afirmar tr. 긍정하다, 단언하다
afluencia f. 유입, 쇄도
africano,na adj. 아프리카(África)의; m.f. 아프리카 사람
afroamericano,na adj. 아프리기계 이메리카의; m.f. 아프리카계 아메리카 사람
afroperuano,na adj. 아프리카계 페루의; m.f. 아프리카계 페루 사람
afuera adv. 밖에, 바깥에서; f.(pl.) 교외, 외곽지대
agencia f. 에이전트 업무, 중개업
agilidad f. 날렵함
agosto m. 8월
agraciado,da adj. 아름다운, 우아한
agradable adj. 즐거운, 기분 좋은, 유쾌한, 흐뭇한
agradecimiento m. 사의, 감사, 고마움
agresivo,va adj. 공격적인, 도전적인
agreste adj. 거친, 투박한, 촌스러운
agrícola adj. 농업의; m.f. 농부
agricultura f. 농업
agrupación f. 집합, 모임, 결합, 떼
agua f. 물
aguardiente m. 아과르디엔테(술의 일종)
águila f. 독수리
aguja f. 첨두(尖頭), 첨탑의 끝 부분, 바늘
ahínco m. 열심, 열의
ahora adv. 지금, 현재
aire m. 공기, 대기, 바람
ají m. 고추
ajo m. 마늘
ala f. 날개
alargado,da adj. 길어진
alcalde m. 시장, 읍장, 면장
alcance m. 닿음, 사정거리나 범위
alcanzar tr. 닿다, 따라잡다, 획득하다
alcázar m. 성채
aldea f. 시골, 마을
aldeano,na adj. 시골의; m.f. 시골사람
aledaño,ña adj. 경계의, 인접한, 부속의; m.(pl.) 인접지, 부속지
alegrar tr. 기쁘게 하다, 기쁨을 주다; ~se 기뻐하다

alegre adj. 기쁜, 즐거운
alegría f. 환희, 기쁨, 즐거움
alejar tr. 멀리하다; ~se 멀어지다
alemán,na adj. 독일(Alemania)의; m.f. 독일사람; m. 독일어
alfajor m. 알파호르(파이의 일종)
alga f. 해조, (바닷)김
algarrobina f. (페루) 알가로보 나무열매의 추출물
algo pron. 어떤 것, 무엇; adv. 약간, 얼마간
alguno,na adj. 어느, 어떤, 얼마간의
aliado,da adj. 동맹을 맺은, 연합한, 제휴한; m. 제휴자, 동맹자
alianza f. 동맹, 제휴
alinear tr. 정렬하다, 놓다
allí adv. 저기, 저곳에
alma f. 혼, 정신
almirante m. 해군제독
alrededor adv. 주위에, 약, 대략; m. 주위
alternar tr. 서로 번갈아 하다, 교체시키다
alternativo,va adj. 교대하는, 교체의; f. 교대, 교체
alto,ta adj. 높은, 키가 큰
altura f. 높이, 정상, 고도
alzamiento m. 높이 올리기, 봉기, 반란
alzar tr. 올리다, 높이다, 받들다, 추대하다
amable adj. 친절한, 다정한, 사랑스러운
amado,da adj. 사랑하는; m.f. 연인, 애인
amante adj. (~de) ~를 좋아하는; m.f. 연인, 애인
amarillo,lla adj. 노란, 황색의; m. 노랑, 황색
ambiente adj. 주위에 있는; m. 분위기, 환경
ámbito m. 경내, 범위
ambos,as adj. 양쪽의; pron. 양쪽
amenazar tr. 위협하다, 협박하다; intr. ~할 위험이 있다
americanizar tr. 아메리카식으로 하다
americano,na adj. 아메리카(América)의; m.f. 아메리카 사람
amigo,ga adj. 사이좋은, 친한; m.f. 친구
amor m. 사랑, 애정, 연애
amotinar tr. 반란을 일으키다, 혼란하게 하다
amplio,plia adj. 넓은, 광범위한
amputación f. 절단
analfabeto,ta adj. 문맹의; m.f. 문맹자
anarquista adj. 무정부주의의; m.f. 무정부주의자
ancho,cha adj. 넓은, 넉넉한; m. 넓이, 폭
anchura f. 폭, 넓이
andén m. 승강장, 플랫폼
andino,na adj. 안데스(산맥)의; m.f. 안데스(산맥) 사람
anestésico,ca adj. 마취의; m. 마취제
angloparlante adj. (모국어로) 영어를 사용하는; m.f. 영어를 사용하는 사람
anhelar intr. 갈망하다, 열망하다
anheloso,sa adj. 갈망하는, 열망하는
animal m. 동물
año m. 해, 년(年)
antecesor,ra m.f. 전임자; (pl.) 선조, 조상
anterior adj. 앞의, 전의
antes adv. 전에, 앞에
anticucho m. 안티쿠초(페루의 꼬치 요리)
antifaz m. 가면, 눈가리개, 안대
antiguo,gua adj. 고대의, 옛날의, 해묵은
anudar tr. 매듭을 만들다, 결합시키다

aparcar tr. 주차시키다
aparecer intr. 나타나다, 보이다, 출현하다
apelar intr. 항소하다, 불평하다
apelativo,va adj. 호칭의, 통칭의
apellido m. 성, 명칭
apenas adv. 거의 ~아니다, 고작, ~하자마자
apéndice m. 부록, 추가
apertura f. 개설, 개시
apiñar tr. 채워 넣다
aplacar tr. 달래다
aplacer intr. 마음에 들다, 기쁘게 해주다
aplastar tr. 납작하게 만들다, 압연하다
apóstol m. 사도(司徒)
apoyar tr. 기대다, 쉬게 하다, 받치다, 지원하다
apoyo m. 후원, 지지
apreciar tr. 평가하다, 감상하다, 존중하다
aprender tr. 배우다
aprendizaje m. 배움, 견습, 도제(徒弟)
apresar tr. 체포하다, 감금하다
apresurar tr. 독촉하다, 서두르다
aprovechar tr. 이용하다; intr. 도움이 되다
aproximado,da adj. 대략의
aquel,lla adj. 저; pron. 저 것, 전자
aquello pron. 저 것, 저 일
aquí adv. 이곳, 이곳에
árabe adj. 아라비아의; m.f. 아라비아 사람; m. 아라비아어
árbol m. 나무, 수목
arder tr. 태우다; intr. 불타다
argentino,na adj. 아르헨티나(Argentina)의; m.f. 아르헨티나 사람
Aries m. 양자리, 숫 양좌
aristocracia f. 귀족정치,
aritmética f. 산술
arma f. 무기, 병기; (pl.) 군대
armado,da adj. 무장한
armamento m. 무장, 군비
armonía f. 조화, 화합
arqueología f. 고고학
arquitectónico, ca adj. 건축학의, 건축의
arquitectura f. 건축, 건축학
arraigar tr. 정착시키다, 견고하게 하다; ~se 뿌리박다
arrastrar tr. 끌다
arremeter tr. 습격하다; intr. 덮치다
arrendamiento m. 임대, 임대료, 소작료
arresto m. 체포, 구류
arriba adv., interj. 위로; 만세!
arribar intr. 입항하다, 도착하다
arroz m. 쌀, 벼
arte m. 예술
arteria f. 동맥
artista m.f. 예술가
artístico,ca adj. 예술의, 예술적인
asado,da adj. 구운
asar tr. 굽다
ascender tr. 오르게 하다; intr. 오르다, 승진하다
ascenso m. 상승, 승진
asedio m. 포위, 공성
asentado,da adj. 안정된, 온건한
asentar tr. 고정시키다, 앉히다, 정착시키다; ~se 기반을 닦다, 정착하다
asesinar tr. 암살하다
asesinato m. 암살
así adv. 이렇게, 그렇게, 이런 식으로; conj.

그리하여, 그 때문에

asiático,ca adj. 아시아의

asiento m. 자리, 좌석

asimismo adv. 또한, 역시, 게다가, 더욱이

asistir tr. 따르다, 수반하다, 돕다, 원조하다, 거들다, 보조하다

asociar tr. 합치다, 연합시키다

aspecto m. 모양, 외관, 광경, 측면

aspirar tr. 흡입하다, 들이마시다, 동경하다, 열망하다

astronómico,ca adj. 천문의, 천문학의

asumir tr. 떠맡다, 받아들이다

atacar tr. 공격하다, 덮치다, 습격하다

ataque m. 공격

atar tr. 묶다, 매다

atención f. 주의, 관심, 선심, 호의

atentar tr. (불법적인 일을) 꾀하다; intr. 자행하다

atento,ta adj. 신중한, 조심스러운, 정중한, 공손한

atlántico,ca adj. 대서양의, 아틀라스(Atlas)산의

atractivo,va adj. 매력적인, 끌어당기는

atraer tr. 끌어당기다, 매혹하다

atravesar v. 가로지르다, 횡단하다

atrayente adj. 끌어당기는; 매력있는

atreverse pnrl. (~a+inf.) 감히 ~하다

augurar tr. 예언하다, 점을 치다

aumentar tr. 늘리다, 불리다; intr. 증가하다, 늘다

aún adv. 아직

aunque conj. ~이기는 하지만, ~일지라도

ausencia f. 없음, 부재, 결석

auspicio m. 징조; (pl.) 후원

austeridad f. 엄격, 준엄, 절약, 간소

auténtico,ca adj. 진정한, 진짜의

autobús m. 버스

autóctono,na adj. 토착의; m.f. 토착민, 원주민

automático,ca adj. 자동의, 기계적인

automotor m. 자동차

autónomo,ma adj. 자치의, 자치권이 있는

autor,a m.f. 작가, 저자

autoridad f. 권력, 권위, 당국

autoritario,ria adj. 권위적인, 전횡적인

auxiliar tr. 돕다, 보조하다; adj. 보조의

auxilio m. 보조, 도움

avance m. 전진

avanzar tr. 나아가게하다, 전진하다

AVE f. 스페인의 고속철도 (Alta Velocidad Española의 약자)

avenida f. 거리, 로(路)

aventura f. 모험

avergonzar tr. 부끄럽게 하다

aviación f. 비행(술), 항공(술)

avión m. 비행기

ayuda f. 도움, 조력, 시중

ayudar tr. 돕다, 원조하다, 구원하다

ayuntamiento m. 시청

azul adj. 푸른, 청색의; m. 청색

B

bailar intr. 춤추다

baile m. 춤

bajar tr. 낮게 하다, 내리다; intr. 낮아지다, 내려가다

bajo,ja adj. 낮은, 키 작은; adv. 낮게, 아래로; prep. ~아래

balanza f. 균형, 비교, 저울

balcón m. 발코니

balear adj. 발레아레스 제도의; m.f. 발레아레스 제도의 사람

balsa f. 뗏목, 물웅덩이

banco m. 벤치, 은행

bandera f. 깃발

bando m. 파벌, 포고

bandurria f. 반두리아(악기)

bar m. 바, 선술집

barato,ta adj. 값이 싼

barbudo,da adj. 수염이 많은; m.f. 수염이 많은 사람

barco m. 배, 선박

barra f. 막대기, 바게트 빵

barranco m. 벼랑, 협곡

barrio m. 구역

barroco,ca adj. 바로크식의

basar tr. 기초하게 하다, 고정시키다; ~se 기초하다, 기반을 두다

base f. 기초, 기반, 바탕

básico,ca adj. 기본적인, 기초적인

basilical adj. 바실리카 식의

bastante adj. 충분한; adv. 충분하게

batalla f. 전투

bebé m. 갓난아기

bélico,ca adj. 전쟁의

belleza f. 아름다움, 미, 미인

bello,lla adj. 아름다운

beneficiar tr. 은혜를 베풀다, 이익을 얻다

beneplácito m. 승인, 허가

besar tr. 키스하다, ~에 입 맞추다

biblioteca f. 도서관

bicicleta f. 자전거

bien adv. 잘, 훌륭하게

bifurcarse prnl. 둘로 갈라지다

bilingüe adj. 2개 국어를 말하는

billete m. 표, 티켓, 지폐

biógrafo,fa m.f. 전기(傳記) 작가

bizantino,na adj. 비잔틴의; m.f. 비잔틴 사람

blanco,ca adj. 흰, 하얀; m. 백색

bloque m. 덩어리, 파벌, 블록

boca f. 입(口), 입구

bogotano,na adj. 보고타(Bogotá)의 ; m.f. 보고타 사람

bolchevique adj. 볼셰비키의; m.f. 볼셰비키 당원

bolígrafo m. 볼펜

bolivariano,na adj. 시몬 볼리바르의

bomba f. 폭탄, 펌프

bombardeo m. 폭격, 폭탄투하

bonito,ta adj. 귀여운, 예쁜

borracho,cha adj. 술 취한; m.f. 술 취한 사람, 취객

borrar tr. 지우다, 말소하다

bosque m. 숲

botella f. (물, 술 등의) 병

bóveda f. 둥근 천장

bramar intr. (소나 맹수가) 울다, 짖다, 포효하다, (바람이) 세차게 불다

brasa f. 숯불

brasileño,ña adj. 브라질(Brasil)의; m.f. 브라질 사람

bravo,va adj. 용맹한, 사나운

brazo m. 팔, 힘, 완력

brigada f. 여단

brillante adj. 빛나는, 눈부신

brisa f. 산들바람, 미풍

bronce m. 청동, 동상, 브론즈

brutalidad f. 야수성, 잔인함, 난폭함

bueno,na adj. 좋은, 훌륭한

buque m. (큰)배, 선박

burlar tr. 조롱하다

buscar tr. 찾다

C

cabalgata f. 기마행렬

caballo m. 말(馬)

caber tr. 용량을 갖고 있다; intr. 들어가다, 여유가 있다, 능력이 있다

cabezudo,da adj. 머리가 큰; m. (가장행렬의) 머리가 큰 난쟁이

cabildo m. 시의회, 승려단

cabo m. 갑, 곶, 끝, 가장자리

cabra f. 산양, 암양

cachorro,ra m.f 강아지, (맹수 등의) 새끼

cada adj. 각각의, 저마다

cadáver m. 시체

cadena f. 일련, 연속, 사슬, 체인

caer intr. 떨어지다, 쓰러지다

café m. 커피

cafetería f. 커피숍

caida f. 떨어지는 일, 낙하, 하강

cajero m. 현금출납기, 현금출납담당자

calcular tr. 계산하다

calendario m. 달력

caliente adj. 뜨거운

calle f. 도로, 거리, 가(街)

callejuela f. 좁은 거리

calor m. 열, 더위

calzada f. 돌로 포장된 길

cama f. 침대

camarero m. 웨이터

cambiar tr. 바꾸다, 교체하다

cambio m. 바꾸기, 교체

camino m. 길, 방법

camión m. 트럭, (멕시코) 버스

camiseta f. 셔츠

camote m. 까모떼(고구마)

campaña f. 싸움, 전(戰), 평원, 평야

campeón m. 챔피온, 우승자

campesinado m. (집합적으로) 농부

campesino,na adj. 들의, 논의, 시골의; m.f. 농부, 시골사람

campo m. 들, 들판

campus m. 대학 교정

caña f. 생맥주 (또는 생맥주용 작은 술잔), 사탕수수

canal m. 운하

cáncer m. 암; C~ 게자리

canción f. 노래

canela f. 계피

cañón f. 대포

cantar tr. 노래하다; intr. 노래 부르다

cantidad f. 양(量)

capacidad f. 능력, 용량

capaz adj. 능력, 재간이 있는

capilla f. 예배당

capital adj. 머리의, 주요한; m. 자본; f. 수도(首都)

capitán m. 우두머리, 선장

capitanear tr. 지휘하다, 통솔하다

capricornio m. 하늘소, C~ 염소자리

capturar tr. 체포하다, 억류하다

caqui m. 카키(과일), 카키색

carabela f. 범선

carácter m. 성질, 성격, 특징, 개성, 문자, 활자

característico,ca adj. 특징적인, 독특한; f. 특징, 특색

caracterizar tr. ~의 특성을 나타내다, ~이 특징이다

cárcel f. 감옥, 교도소

carecer intr. (~de) ~이 빠져있다, 부족하다, 필요하다

cargo m. 직위, 직책, 적하, 짐

caribeño,ña adj. 카리브(Caribe)의; m.f. 카리브 사람

cariñoso,ca adj. 사랑스러운, 자애로운, 다정한

carnavalesco,ca adj. 카니발의

carne f. 고기

caro,ra adj. 비싼, 고가의

carpintería f. 목수의 일

carrera f. 달리기, 경주, 가도, 가로

carta f. 편지, 패, 카드

cartón m. 판지, 마분지

casa f. 집

casar tr. 결혼시키다

cascada f. 폭포

casco m. (도시의) 가옥 밀집 지구, 헬멧

casi adv. 거의, 대략

caso m. 경우, 사례, 케이스

castaño,na adj. 밤색의; m. 밤나무

castellano,na adj. 카스티아(Castilla)의; m.f. 카스티야 사람; m. 카스티야 어

castillo m. 성, 성채

catalán,na adj. 카탈루냐(Cataluña)의; m.f. 카탈루냐 사람; m. 카탈루냐 어

catalogar tr. 목록을 만들다, 목록에 싣다, 사람을 평가하다

catarata f. 폭포

catedral f. 주교좌성당, 대성당

categoría f. 범주, 범위, 종류, 부류

catolicismo m. 가톨릭교

católico,ca adj. 가톨릭의; m.f. 가톨릭신자

caudal m. 수량(水量), 자산, 자금, 풍부, 다량

caudaloso,ca adj. 수량이 많은

causa f. 원인, 이유, 근거

cazador,ra adj. 사냥하는; m.f. 수렵가, 사냥꾼

cebolla f. 양파

ceder tr. 양보하다, 양도하다; intr. 굴복하다, 지다

celebrar tr. 축하하다, 기리다, 개최하다;

intr. 열리다, 개최되다

celestial adj. 천국의, 하늘의

celoso,a adj. 질투하는

celta adj. 켈트족의; m.f. 켈트족; m. 켈트 어

celtíbero,ra adj. 셀티베로족의; m.f. 셀티베로족

cementerio m. 묘지

cena f. 저녁식사, 만찬

cenar intr. 저녁식사를 하다

censo m. 인구 조사

centenar m. 100단위, 100년제

central adj. 중앙의, 중심의; f. 본부, 본점

centralizar tr. 중앙집권화하다, 중앙으로 모으다

centro m. 가운데, 중앙, 중심지

centroamericano,na adj. 중앙아메리카의; m.f. 중앙아메리카 사람

cerámica f. 도자기

cerca adv. 가까이, 가까이에

cercanía f. 가까운 일, 가까움; (pl.) 부근, 근교

cerebro m. 뇌, 두뇌, 이해력. 정신

ceremonial adj. 의식의

cero m. 제로, 영

cerro m. 언덕

certificado,da adj. 등기우편의; m. 증명서

cesar intr. 그만두다, 중지하다

chapa f. (금속, 목재의) 얇은 판자, 합판, 판금

charlar intr. 잡담하다

chequear tr. 수표를 발행하다, 조사하다, 점검하다

chibcha adj. 칩챠족의; m.f. 칩챠족; m. 칩챠어

chicano,na adj. 치카노의; m.f. 치카노 사람; m. 치카노어

chicle m. 껌

chico,ca adj. 작은; m.f. 어린아이

chileno,na adj. 칠레(Chile)의; m.f. 칠레사람

chino,na adj. 중국(China)의; ., m.f. 중국사람; m. 중국어

choclo m. 초클로(옥수수의 일종)

chorizo m. 돼지 순대, 소시지

chupinazo m. 폭죽 터뜨리기

churrigueresco,ca adj. 추리게라(Churriguera) 양식의

ciclismo m. 사이클링, 자전거 경주

ciclista adj. 사이클링의; m.f. 사이클 선수, 자전거 타는 사람

cielo m. 하늘

ciencia f. 지식, 학문, 과학

ciento adj. 100의, 100번째의; m. 100

cierto,ta adj. 확실한, 틀림없는 ; adv. 어떤, 분명히

cinco adj. 5의; m. 5

cincuenta adj. 50의; m. 50

circulación f. 순환, 교통, 유포

circular tr. 돌리다, 유포시키다; intr. 순회하다, 순환하다

circunstancia f. 사정, 상황, 정세

cita f. 약속

ciudad f. 시, 도시

ciudadano,na adj. 시의, 시민의; m.f. 시민

civil adj. 시민의, 민간의; m.f. 민간인

civilización f. 문명

clan m. 씨족, 일당

claro,ra adj. 밝은, 투명한; adv. 분명하게, 명백하게, 물론

clase f. 종류, 등급, 계급, 학급, 수업

clásico,ca adj. 고전의, 고전적인; m.f. 고전작가; m. 고전

clérigo m. 승려, 성직자

clero m. 승려직, 승려단, 성직자단

clima m. 기후, 풍토

cliquear tr. 클릭하다

club m. 클럽, 동호회

cobrizo,za adj. 구리 빛의

cocción f. 삶기, 찌기

coche m. 차, 차량

coctel m. 칵테일

cofrade m,f. 신자난 회원

cofradia f. 신자단, 종교단체

cohete m. 폭죽, 로켓

cola f. 꼬리, 말미, 열, 줄

colegio m. 기숙사, 학교

colina f. 언덕

colmo,ma adj. 흘러넘치는; m. 최고, 완성

colombiano,na adj. 콜롬비아(Colombia)의; m.f. 콜롬비아 사람

colonia f. 식민지, 거류지, 거류민

colonial adj. 식민지의, 식민지 시대의

colonización f. 식민지의 개척, 식민지화

colonizar tr. 식민지로 만들다, 식민시키다

colono m. 식민지, 소작인

coloquial adj. 구어의, 구어체의, 일상 회화의

color m. 색, 색깔, 색조

comarca f. 지역, 지방

combate m. 전투, 교전

combatir tr. 전투하다, 무찌르다

combinar tr. 조합하다, 조화시키다, 결합시키다

comenzar tr. 시작하다; intr. 시작되다

comer tr. 먹다; intr. 먹다, 식사하다

comercial adj. 상업의, 통상의, 무역의

comerciante adj. 장사하는; m. 상인

comercio m. 상업, 통상, 거래

cometer tr. (죄나 과실 등을)범하다, 저지르다

comicio m.(pl.) 선거위원회, 선거

comida f. 음식

comienzo m. 시작, 처음, 기점

cómo adv. 어떻게, 뭐라고

como conj. ~과 같이, ~처럼, ~대로, ~로서

compañero,ra m.f. 동료, 벗

compañía f. 회사, 상사, 동반, 수반

comparar tr. 비교하다, 비유하다

complacencia f. 만족, 기쁨

completar tr. 완성하다, 완전하게 하다

completo,ta adj. 완전한, 가득한, 전부의

comportamiento m. 처신, 행실, 품행, 태도

comprar tr. 사다, 구입하다

comprender tr. 이해하다, 포함하다

compuesto,ta adj. 조립된, 구성된, 복합의, 복합된; m. 혼합물, 화합물

común adj. 공통의, 보통의; m. 일반인, 단체

comunicación f. 통신, 연락

comunicar tr. 알리다, 통보하다, 통신하다, 전하다

comunidad f. (스페인의) 광역자치단체, 사회, 공동체

comunista adj. 공산주의의; m.f. 공산주의자

con prep. ~와 함께, 와 더불어

concebir tr., intr. 생각하다, 임신하다

concepción f. 개념, 이해, 해석

concepto m. 개념, 생각, 의견

concha f. 조개

condenar tr. 판결하다, 구형하다
condición f. 조건, 상태
conducir tr. 운전하다, 조종하다, 인도하다
conectar tr. 연결시키다, 잇다, 접속시키다
conejo m. 토끼
confederación f. 동맹, 연맹, 연합
conferencia f. 회의, 회담, 강연
conflicto m. 분쟁, 대립
confuciano,na adj. 유교의; m.f. 유학자, 유교도
confundir tr. 혼동하다, 섞다, 혼합하다, 어지럽히다
confusión f. 혼란, 혼동
congregar tr. 모으다, 소집하다
conjugar tr. 접합시키다, 조정하다, 활용시키다
conjunto,ta adj. 전체의, 일관된; m. 전체, 총체
conmemorar tr. 기념하다, 공양하다, 추도하다
conocer tr. (사람, 장소 등을) 알다
conocido,da adj. 세상에 널리 알려진, 유명한; m.f. 아는 사람
conocimiento m. 지식, 인식, 지각
conoide adj. 패각상(貝殼狀)의; f. 나사선(螺絲線)
conquistador,ra adj. 정복하는, 정복의; m.f. 정복자
conquistar tr. 정복하다, 획득하다
consecuencia f. 결과, 중요성
conseguir tr. 얻다, 입수하다
consejo m. 조언, 충고
conservador,ra adj. 보수파의, 보수주의의; m.f. 보수주의자
conservar tr. 보존하다, 유지하다
considerar tr. 고려하다, ~라고 생각하다
consigna f. 명령, 지령, 수칙
consistir intr. (~en) ~에 있다, ~에 기초를 두다, ~으로 이루어지다
consolidar tr. 굳히다, 공고히 하다
conspiración f. 음모, 모의
constante adj. 지속적인, 부단한, 한결같은
constitución f. 헌법
constitucional adj. 헌법의, 헌법에 의한
constitucionalista m.f. 헌법옹호자, 헌법주의자
constituir tr. 구성하다, 형성하다, 제정하다
construcción f. 건설, 제작, 제조
construir tr. 건축하다, 건설하다, 제작하다
consultorio m. 진료소, 상담소
contaminación f. 오염
contar tr. 세다, 계산하다, 이야기하다
contemporáneo,a adj. 동시대의, 현대의; m.f. 동시대인, 현대인
contener tr. 포함하다, 억누르다
contenido m. 내용물, 알맹이
contento,ta adj. 만족한
continente m. 대륙
contingente adj. 우연의, 우발적인; m. 우연한 일, 일단(一團)
continuar tr., intr. 계속하다, 계속되다
continuidad f. 연속성, 계속, 영속
contra prep. ~에 대하여, ~에 반하여
contrabando m. 밀수입, 밀매매, 밀수품
contraer tr. 수축시키다, 체결하다
contraofensiva f. 반격
contrariar tr. ~에 반대하다, 방해하다

contrario,ria adj. 반대의, 적의; m. 반대, 방해

contraste m. 대조, 대항

contribuir tr. 기여하다, 공헌하다; intr. 납세하다

controlar tr. 조절하다, 통제하다

conurbano m. 근교

convencer tr. 납득시키다, 깨닫게 하다

conventillo m. 주택, 공동주택

conversación f. 대화, 대담, 회화

conversar intr. 이야기하다, 대화를 나누다

convertir tr. 변화시키다, 바꾸다, 개종하다; ~se 변하다

convocar tr. 소집하다, 소환하다

copa f. 술잔

coraje m. 용기, 기력, 분함, 화

corazón m. 심장, 마음, 애정, 사랑

cordillera f. 산맥

coreano,na adj. 한국(Corea)의; m.f. 한국 사람; m. 한국어

coronel m. 육군 대령

corral m. 가축우리, 사육장, 울타리

corredor,ra adj. 잘 달리는; m.f. 달리는 사람

correo m. 우편, 우편물; (pl.)우체국

correr intr. 달리다

corresponder tr. 상응하게 하다; intr. 상응하다, 어울리다

corriente adj. 흐르는; f. 흐름, 시내

cortar tr. 자르다, 베다, 차단하다

corte m. 날, 절단; f. 소정, 수도, 법원

corto,ta adj. 짧은

cococha f. 수확, 추수

cosmopolita adj. 세계주의의; m.f. 세계인, 세계주의자

costa f. 해안, 비용

costalero m. 행렬에서 가마를 매는 사람, 운반인

costar intr. 비용이 들다, (값이) ~이다

costear tr. 해안을 따라 항해하다, (~의) 비용을 부담하다

costero,ra adj. 해안의, 연안의; m.f. 해안 지방 사람

costillar m. 늑골, 갈비뼈

costumbre f. 풍습, 풍속, 습관, 습성, 버릇

costumbrismo m. 풍속주의, 실생활 묘사 주의

cotidiano,na adj. 일상적인, 나날의

craneano,na adj. 두개골의

creación f. 창조

crear tr. 창조하다

crecimiento m. 성장, 증대, 오름, 상승

credencial adj. 신용할 수 있는; f. 신임장

crédito m. 신용, 평판

creencia f. 믿음, 신념

creer tr. 믿다, 생각하다

crema f. 유지, 크림

cremanción f. 화장(火葬)

cresta f. (새의) 볏, 관모(冠毛), 산정(山頂)

criar tr. 키우다, 기르다, 사육하다

criollo,lla adj. 아메리카 태생 백인의; m.f. 아메리카 태생 백인

crisis f. 위기

cristiano,na adj. 그리스도교의; m.f. 그리스도교도

cruce m. 교차, 교차로, 엇갈림

crucero m. 십자로, 네거리, 순양함

crudeza f. 가혹함, 날 것, 생경함

cruel adj. 잔인한, 처참한, 모진

cruento,ta adj. 잔혹한, 유혈의

cruzar tr. 횡단하다, 가로지르다

cuadricular adj. 정방형의, 바둑판형의, 4각형의

cuál pron. 어느 것, 어떤 것; adj. 어느, 어떤

cualquier,ra pron. 어떤 것이라도, 누구라도; adj. 누구라도 괜찮은

cuándo adv. 언제

cuando conj. ~할 때

cuánto,ta adj. 몇 개의, 얼마만큼의; adv. 얼마나

cuarto,a adj. 네 번째의, 사등분한; m. 4분의 1, 방

cuatro adj. 4의; m. 4

cubano,na adj. 쿠바(Cuba)의; m.f. 쿠바 사람

cubierto,ta adj. 덮인; m. 덮개, 지붕

cubrir tr. 덮다, 씌우다

cuchillo m. 작은 칼, 나이프

cuello m. 목

cuenta f. 계산, 고려

cuerda f. 밧줄, 끈

cuerno m. 뿔

culminar intr. 정점에 달하다

cultivable adj. (밭을) 갈수 있는, 경작할 수 있는

cultivar tr. 경작하다, 재배하다, (기능 등을) 닦다, 연마하다

culto,ta adj. 박식한, 재배된 ; m. 신앙, 의식, 숭배

cultura f. 문화

cultural adj. 문화의, 교양의, 인문의

cumplir tr. 완수하다, 수행하다; intr. 의무, 의리를 다하다

cuñado,da m.f. 처남, 매부, 올케, 처제, 처형

cúpula f. 둥근 지붕

curar tr. 치료하다, 고치다; ~se 낫다, 완쾌되다

dama f. 귀부인, 숙녀

danza f. 춤, 무용

dar tr. 주다, 수여하다

de prep. ~의, ~부터

deber tr. (의무, 채무, 은혜 등을) 입다

debido,da adj. 반드시 그래야 할, 규정대로의

debilitar tr. 약하게 하다, 허약하게 만들다

débito m. 차변

década f. 10으로 된 것, 10일, 10년

decapitar tr. 목을 자르다

decena f. 10개 조, 10 년

decidir tr. 결정하다, 해결하다

decir tr. 말하다

decisivo,va adj. 결정적인, 단호한

declarar tr. 선언하다, 단언하다; intr. 진술하다, 신고하다

decoración f. 장식

defender tr. 막다, 방어하다, 옹호하다

definitivo,va adj. 결정적인, 종국적인

deidad f. 신성, 신

dejar tr. 놓아두다, 방치하다, 남기다

delegado,da adj. 위임받은; m.f. 대표자,

대표단, 사절(使節)

delgado,da adj. 여윈, 홀쭉한, 가는, 엷은, 얇은

delicioso,sa adj. 맛있는, 감미로운

demás adj. 나머지의, 그 밖의; pron. 나머지, 그 밖의 것

demasiado,da adj. 과분한, 지나친; adv. 과분하게, 지나치게

democracia f. 민주주의

democrático,ca adj. 민주주의의, 민주적인

demográfico,ca adj. 인구의, 인구통계의, 인구학의

demostrar tr. 드러내다, 보이다, 나타내다, 증명하다

denominación f. 명명(命名), 명칭, 칭호

denominar tr. ~에 명칭을 붙이다, 칭하다, 명명하다

densidad f. 밀도, 밀집도

denso,sa adj. 빽빽한, 가득한, 농밀한, 진한

dentista adj. 치과의; m.f. 치과의사

dentro adv. 안으로, 속으로, 안에, 속에

denuncia f. 고발, 고소

departamento m. 학과, 부서, 아파트

depender intr. 의존하다, 의지하다, 종속하다

deporte m. 운동, 스포츠

derecha f. 오른쪽, 우측, 오른손, 우익

derechista adj. 우익의, 보수파의; m.f. 우파, 보수파 사람

derecho,cha adj. 똑바른, 바른, 오른쪽의; m. 권리, 권한, 법, 법률

derramamiento m. 흘려보내는 일, 흘리는 일

derribar tr. 파괴하다, 전복시키다, 격추하다

derrocar tr. 몰락시키다, 쓰러뜨리다

derrota f. 패배, 괴멸

derrotar tr. 패하게하다, 쳐부수다, 타파하다

desacato m. 불경, 무례함, 실례

desafío m. 도전, 결투, 경쟁

desagradable adj. 불쾌한, 싫은

desalentar tr. 실망시키다, 낙담시키다; ~se 실망하다, 낙담하다

desanimar tr. 용기를 꺾다, 맥 빠지게 하다

desaparecer tr. 보이지 않게 하다, 숨기다, 감추다

desarrollar tr. 발전시키다, 육성하다, 전개하다

desarrollo m. 발전, 발달, 진보, 전개

desastroso, sa adj. 처참한, 참담한

descansar intr. 쉬다, 휴식하다, 기대고 있다

descanso m. 쉼, 휴식, 위로, 위안

descender intr. 내리다, 내려가다, ~에서 나오다

descendiente adj. 내려가는; m.f. 자손, 후손

desconfianza f. 불신

desconocer tr. 모르다, 부인하다

desconocido,da adj. 낯선, 알지 못하는; m.f. 낯선 사람, 모르는 사람

descubierto,ta adj. 발견된, 드러난

descubrimiento m. 발견

descubrir tr. 드러내다, 내보이다, 발견하다

desde prep. ~부터, ~이래

desdeñoso,sa adj. 경멸적인, 매정한

desear tr. 원하다, 탐내다, 바라다

desembarcar tr. 하역하다, 상륙시키다; intr. 상륙하다, 하선하다

desembocadura f. 하구, 강어귀

desembocar intr. (강물이) 흘러들다

deseo m. 소원, 소망, 욕망

desequilibrar tr. 균형을 깨뜨리다, 평형을 잃게 하다

desértico,ca adj. 사막의

desfile m. 열, 행렬

desierto,ta adj. 황량한, 처량한; m. 사막

designar tr. 지정하다, 지명하다, 임명하다, 계획하다, 꾀하다

desintegrar tr. 분해시키다, 분열시키다, 붕괴시키다

deslumbrar tr. 눈부시게 하다, 현혹시키다; intr. 눈부시게 빛나다

desobedecer tr. 어기다, 불복종하다

desoír tr. 못들은 척하다, 무관심하다, 무시하다

desordenado,da adj. 무질서한, 혼잡한

despedir tr. 해고하다; ~se 작별을 고하다

despertar tr. 잠을 깨우다, 눈뜨게 하다

desplazar tv. 이동시키다, 자리를 옮기다; ~se 이동하다

desplegar tr. 전개하다, 전개시키다

despojar tr. 빼앗다, 약탈하다

desposeer tr. 몰수하다

desprender tr. 풀다, 놓아주다, 발하다, 떼어놓다

desprendimiento m. 흩어짐, 무관심, 관대함

desproporcionar tr. 불균형을 이루다, 어울리지 않게 하다

después adv. 나중에, 후에, 뒤에

destacar tr. 두드러지게 하다 ; intr. 두드러져 보이다, 빼어나다

destituir tr. 파면, 해고 시키다

destrozar tr. 조각내다, 분쇄하다, 격파하다

destrucción f. 파괴, 괴멸

destruir tr. 부수다, 파괴하다, 패배시키다

desvirtuar tr. 효력을 상실하다, (떠도는 소문 등을) 일축하다

detener f. 말리다, 억제하다, 구류하다, 체포하다

determinado,da adj. 과감한, 일정한, 특정한; m.f. 과감한 사람

determinar tr. 결정하다, 한정하다

devastador,ra adj. 파괴하는; m.f. 파괴자

devolver tr. 반환하다, 돌려주다

devorar tv. 게걸스럽게 먹다, 탐욕을 부리다, 집어삼키다

día m. 날, 일

dialecto m. 방언, 사투리

diámetro m. 직경

diario,ria adj. 날마다의; m. 일기, 일간지

diciembre m. 12월

dictador m. 독재자

dictadura f. 독재

diez adj. 10의; m. 10

diferencia f. 차이

diferente adj. 다른, 상이한

difícil adj. 어려운

dificultad f. 어려움, 난관, 장애

difundir tr. 널리 알리다

diluvio m. 대홍수, 많음, 풍부

dimensión f. 크기, 규모

dinero m. 돈

dios m. 신

diplomático,ca adj. 외교의, 외교적인; m.f. 외교관

dirección f. 방향, 방면, 지휘, 조종

directo,ta adj. 똑바른, 일직선의, 곧장 가는, 직행의

dirigir tr. ~로 향하다, 이끌다, 인도하다, 지휘하다, 통솔하다

discípulo,la m.f. 제자, 도제

discriminación f. 차별

disculpa f. 변명, 핑계, 사과

disfrazar tr. 위장시키다, 변장시키다, 숨기다, 감추다, 속이다

disfrutar tr. 가지고 있다, 이익을 보다; intr. (~de) 향유하다, 즐기다

disimilación f. 이화(異化)

disminuir tr. 축소하다, 감소시키다

disparar tr. 발사하다, 쏘다, 던지다

disparo m. 발사, 사격, 총성

disperso,sa adj. 산재하는, 흩어진, 연락이 끊어진; m.f. 낙오병

disponer tr. 배치하다, 준비하다; intr. 쓰다, 이용하다

disposición f. 배치, 준비, 규정, 소질

dispuesto,ta adj. 조치, 처리한, 준비된, 날렵한

distancia f. 거리, 차이

distar intr. 멀다, 사이가 떨어져 있다, 간격이 있다

distinguido,da adj. 빼어난, 품위 있는, 저명한

distinto,ta adj. 다른, 상이한, 선명한

distribuir tr. 나누다, 분배하다, 공급하다

distrito m. 구(區), 관구

diurno,na adj. 낮의, 주간의

diverso,sa adj. 다양한, 상이한, 숱한, 많은

divertir tr. 즐거움을 주다, 기쁨을 주다, (주의를) 딴 데로 돌리다; ~se 즐기다

dividir tr. 분할하다, 분배하다, 분열시키다

divinidad f. 신성(神性), 신격(神格), 신의 힘

división f. 분할, 구분, 분열

DNI m. 신분증 (Documento Nacional de Identidad의 약자)

doce adj. 12의; m. 12

doctrina f. 가르침, 교리, 학설

documento m. 문서, 서류, 자료, 어음

dólar m. 달러(화폐 단위)

dolor m. 고통, 아픔, 슬픔

domicilio m. 주소, 거주지

dominante adj. 지배적인, 월등한; m.f. 지배자

dominar tr. 지배하다, 통제하다, 통달하다; intr. 우세하다, 지배적이다

dominio m. 지배, 주권, 통제, 소유권

donde adv. 그곳에서, 그곳으로, 그곳에; pron. 곳

dónde adv. 어디, 어디에, 어디로

dórico,ca adj. 도리아(Dórida)식의; m. 도리아 양식

dormir tr. 재우다, 잠들게 하다; intr. 잠자다

dos adj. 2의; m. 2

doscientos,tas adj. 200의; m. 200

drástico,ca adj. 대담한, 극심한, 과감한

droga f. 마약

dueño,ña m.f. 주인, 소유주

dulce adj. 달콤한, 맛이 단; m. 맛이 단 것

durante adv. ~이 계속되는 동안 ; adj. 계속되는, 지속하는

durar intr. 지속되다, 연속되다, 계속하다

duro,ra adj. 단단한, 엄한, 혹독한

E

eclecticista adj. 절충주의의; m.f. 절충주의자

eclipse m. 이클립스, 식(蝕), 다른 천체에 의해 천체의 일부나 전체를 가림

economía f. 경제

económico,ca adj. 경제의, 경제적인, 절약하는

edad f. 나이, 연세

edificación f. 건축하는 일, 건축물

edificar tv. 세우다. 건설하다, 창설하다

edificio m. 건물, 빌딩

educación f. 교육

educador,ra adj. 교육하는; m.f. 교육자

educativo,va adj. 교육적인

efecto m. 효과, 효력, 결과

efectuar tr. 행하다, 실시하다, 실현하다

eje m. 축, 주축, 중심선

ejecución f. 실행, 이행, 집행

ejecutar tr. 실행하다, 집행하다

ejecutivo,va adj. 실행의, 집행의; m.f. 집행하는 사람, 간부 사원

ejemplo m. 본보기, 모범, 예, 보기

ejército m. 군대, 대다수

él pron. 그, 그 사람, 그것

elaborar tr. 제작하다, 만들다, 작성하다

elección f. 선출, 선임, 선거

elegante adj. 우아한

elegir tr. 선거하다, 고르다, 선택하다

elemento m. 요소, 원소, 성분

elevación f. 올리는 일, 상승, 융기, 승진, 인상

elevado,da adj. 높은, 인상된, 숭고한

eliminar tr. 배제하다, 제거하다, 추방하다

elocuente adj. 웅변의, 말솜씨가 좋은, 감동시키는

emancipación f. 해방, 노예해방, 독립

embajada f. 대사관, 사절단

embalaje m. 포장, 포장하는 일

embargo m. 차압, 수출금지; sin ~ 그럼에도 불구하고

emblemático,ca adj. 상징적인, 전형적인

embriagar tr. 취하게 하다

empaquetar tr. (짐 등을) 꾸리다

empeño m. 시도, 소망, 숙원, 열심

emperador m. 황제

empezar tr. 시작하다; intr. 시작되다

empleado,da adj. 고용된; m.f. 직원, 점원

emplumar tr. 깃털을 달다; intr. 털이 나다

empobrecer tr. 가난하게 하다, 빈약하게 하다

emprender tr. 시도하다, 착수하다

empresa f. 기업, 사업, 꾀하기, 계획

empresario,ria m.f. 기업가, 사업가

emular tr. 경쟁하다, 다투다

en prep. ~에, ~에서

enamorar tr. 사랑하게 하다; ~se (de) ~에게 반하다, 사랑하다

encabezar tr. 이끌다, 통솔하다, 지휘하다

encantado,da adj. 매우 만족스러운, 매혹된

encantador,ra adj. 유혹하는, 매혹적인; m. 환술사

encarcelado,da adj. 투옥된; m.f. 투옥된 사람

encarcelar tr. 투옥시키다

encargado,da adj. 의뢰받은, 담당한; m.f. 담당자

encargar tr. 위임하다, 맡기다

encarnizar tr. 잔인하게 하다, 피에 굶주리게 하다

encerrar tr. 가두다, 감금하다, 포함돼 있다

enciclopedista adj. 백과사전파의; m.f. 백과사전파 사람

encierro m. 가두어 넣음, 감금

encima pref. ~위에

encomendar tr. 부탁하다, 위임하다

encontrar tr. 찾다, 발견하다, 만나다

encuentro m. 만남, 상봉, 회합

enemigo,ga adj. 적의, 상반되는; m. 적, 원수

energía f. 힘, 기력, 에너지

enérgico,ca adj. 정력적인, 강력한

enero m. 1월, 정월

enfermedad f. 병, 질병

enfermo,ma adj. 아픈, 병에 걸린; m.f. 병자, 환자

enfrentamiento m. 직면

engrosar tr. 굵게 하다, 증강하다

enorme adj. 거대한, 막대한, 굉장한

enriquecer tr. 넉넉하게 하다, 풍부하게 하다

ensamblar tr. 조립하다, 끼워 맞추다

enseguida adv. 당장에, 즉각

enseñar tr. 가르치다, 교육하다

entender tr. 이해하다, 알아듣다, 양해하다; intr. 알다, 이해력이 있다

enterar tr. 알리다, 보고하다

entero,ra adj. 온전한, 완전한, 고스란히, 그대로의

entidad f. 실체, 본체, 집합체, 단체, 기관, 회사

entierro m. 매장(埋葬)

entonces adv. 그때, 그렇다면, 그래서; m. 당시

entrar intr. 들어가다, 참가하다, 입회하다

entre prep. ~의 사이에, ~의 사이에서

entregar tr. 건네주다, 양도하다

entrelazado,da adj. 짜인, 엮인, 접합된

entrevista f. 회견, 회담, 인터뷰

entrevistar tr. 회견하다

entusiasta adj. 열렬한, 열광적인; m. 열광적인 사람, 광

enviar tr. 보내다, 발송하다, 부치다, 파견하다

envidiar tr. 부러워하다, 선망하다

envidioso,sa adj. 시샘하는, 부러워하는; m.f. 선망가, 선망의 대상

envolver tr. 포장하다, 말다

episodio m. 에피소드, 일화, 삽화

época f. 시대

equinoccio m. 주야 평분시, 춘분, 추분

equitativo,va adj. 공정한, 균등한

era f. 시기, 시대

erótico,ca adj. 연애의, 관능적인, 에로틱한

erróneo,a adj. 잘못된, 틀린

escala f. 사다리, 눈금, 비례, 비율

escalofriante adj. 오싹한, 소름이 돋는

escaso,sa adj. 많지 않은, 귀한, 모자라는

escena f. 무대, 연극, 장, 장면

escenario m. 무대, 주위 상황, 대본

esclavitud f. 노예 신분, 굴종, 속박

esclavo,va m.f. 노예

escogido,da adj. 선별된, 우수한

escombro m. 돌 부스러기

esconder tr. 감추다, 숨기다

Escorpio m. 전갈자리

escribir tr. 쓰다, 필기하다; intr. 편지를 쓰다
escrito,ta adj. 쓴, 문자로 된; m. 문서, 서류
escritor,ra m.f. 저자, 작가
escritura f. 글쓰기, 집필, 문자
escuadrar tr. 네모반듯하게 하다, 직각으로 자르다
escuchar tr. 주의 깊게 듣다, 귀담아 듣다, 경청하다
escudero m. 하인, 종자, 부하
escudo m. 방패, 문장(紋章), 화폐의 이름
escuela f. 학교
escultura f. 조각
ese,sa adj. 그, 그런; pron. 그 것
esencial adj. 본질의, 본질적인, 매우 중요한
esférico,ca adj. 구형의, 구체의
esforzar tr. 용기를 넣어 주다, 힘을 돋우다; intr. 원기를 내다
esfuerzo m. 노력, 수고, 진력
esmeralda f. 에메랄드, 벽옥
eso pron. 그것, 그 일
espacio m. 공간
español,la adj. 스페인(España)의; m.f. 스페인 사람; m. 스페인어
especia f. 향료, 향신료
especial adj. 특별한, 특수한, 전문의
espectáculo m. 흥행, 구경거리, 전망
espejo m. 거울, 귀감
esperanza f. 희망, 기대, 소망
esperar tr. 기다리다, 기대하다, 희망하다, 바라다
espesura f. 두께, 농도
espíritu m. 영혼, 정신, 의식, 마음
esplendor m. 광채, 영예
esposa f. 아내; (pl.) 수갑

esquí m. 스키
esquina f. 모퉁이
establecer tr. 건립하다, 창설하다, 제정하다, 정착시키다, 수립하다
estación f. 계절, 시기, 역, 터미널, (방송, 전화)국
estadista m.f. 정치가, 통계학자
estado m. 상태, 신분, 국가, 주
estadounidense adj. 미국(Estados Unidos)의; m.f. 미국 사람
estallar intr. 발발하다, 파열하다, 폭발하다
estándar m. 표준, 기준, 규범, 전형
estar intr. 있다, 위치하다
este,ta adj. 이, 이러한; pron. 이 것, 후자
estilístico,ca adj. 문체(文體)의
estilo m. 스타일, 방식
estimado,da adj. 존경받는, 평판이 좋은
estimar tr. 존중하다, 소중히 하다, 판단하다
estimular tr. 자극하다, 격려하다
esto pron. 이 것, 이 일
estofar tr. ~에 수를 놓다, (금속 바탕에) 새기다, 그리다
estratega m.f. 전략가, 전술가, 책략가
estrategia f. 전략, 병법, 작전
estratégico,ca adj. 전략의, 전략상의, 전략적인; m.f. 전략가
estrecho,cha adj. 좁은, 친밀한; m. 해협
estrella f. 별
estricto,ta adj. 엄격한
estructura f. 구조, 구성, 조직
estudiante m.f. 학생
estudiar tr. 공부하다, 연구하다; intr. 공부하다
estudio m. 공부, 연구, 학문

estudioso,sa adj. 학구적인

etapa f. 단계, 시기

euro m. 유로(화폐 단위)

europeo,a adj. 유럽(Europa)의; m.f. 유럽 사람

euskero,ra adj. 바스크어의; m. 바스크어

evento m. 일어난 일, 사건

evidencia f. 명백함, 명료함, 증거

evidente adj. 명백한, 분명한

evitar tr. 피하다, 달아나다

exactitud f. 정확, 정밀

exacto,ta adj. 정확한, 정밀한

exagerar tr. 과장하다

excepto prep. ~을 예외로 하고, ~을 배제하고; adv. ~은 별도로

exclamación f. 절규, 외침, 감탄

exclusivo,va adj. 배타적인, 독점적인, 유일한

excursión f. 소풍, 수학여행, 유람

exhibir tr. 보이다, 공시하다, 공개하다, 전시하다

exigente adj. 요구가 많은, 끈덕지게 조르는

exiliar tr. 추방하다

exilio m. 추방, 망명

existir intr. 있다, 존재하다

éxito m. 성공, 대성공

exótico,ca adj. 이국적인, 외래의

expansión f. 팽창, 확장, 확충

expedición f. 원정, 탐험(대), 파견, 운송, 발송

expedicionario,ria adj. 원정의, 파견의; m.f. 원정 대원

expedir tr. 발부하다, 발송하다, 발행하다, 파견하다

explicación f. 설명, 해명

exploración f. 답사, 탐험, 정찰

explorador,ra adj. 탐험하는, 답사하는; m.f. 탐험가, 탐구가

explorar tr. 탐험하다, 답사하다, 조사하다

exponente adj. 설명하는; m.f. 설명자, 해설자

exponer tr. 표명 · 설명 · 해명하다, 진열하다, 내맡기다

exposición f. 표명, 출품, 진열, 전시회, 박람회, 전람회

expresionismo m. 표현주의

expresivo,va adj. (감정 따위를) 나타내는, 표현적인

expuesto,ta adj. 설명된, 모두 다 드러난, 내맡겨진, 위험한

extender tr. 뻗다, 확장하다, 연기하다

extenso,sa adj. 넓은, 광범위한

exterior adj. 밖의, 외국의, 외부의; m. 외면, 외형, 바깥, 외국

extinguir tr. 없애다, 소멸시키다

extranjero,ra adj. 외국의; m.f. 외국사람, 낯선 사람

extremo,ma adj. 끝의, 극단의, 모진, 과격한; m. 끝, 극단

extrovertido,da adj. 외향적인 성격의; m.f. 외향적인 성격의 사람

F

fábrica f. 만듦, 제조, 공장, 제작소

fachada f. (보는 쪽에서 보는 건물의) 정면, 풍채, 외관

fácil adj. 쉬운

facilitar tr. 쉽게 하다, 편하게 하다

faja f. 벨트, 띠, 벨트 모양으로 된 것

falangista adj. 팔랑헤당의; m.f. 팔랑헤당원

fallecer intr. 죽다, 사망하다

fallecimiento m. 사망, 서거

faltar intr. 모자라다, 부족하다

falto,ta adj. 부족한, 모자라는; f. 부족, 결핍

fama f. 명성, 평판, 소문

familia f. 가족, 가정

familiar adj. 친숙한, 가정의, 가정적인

famoso,sa adj. 유명한, 이름난

fantasmal adj. 유령의

fantástico,ca adv. 아주 멋진, 환상적인, 기발한

fascinar tr. 매혹시키다, 농락하다

fascismo m. 파시즘

fascista adj. 파쇼의, 파시즘을 신봉하는; m.f. 파시스트

fastuoso,sa adj. 화려한, 호화로운, 호화로운 것을 좋아하는

favor m. 호의, 친절, 덕택

favorito,ta adj. 아주 좋아하는, 마음에 든; m.f. 마음에 든 사람, 총애하는 사람

febrero m. 2월

fecha f. 날짜

federal adj. 연방의

feliz adj. 행복한, 기쁜

fenómeno m. 현상, 징후, 경이적인 것, 불가사의한 것

férreo,a adj. 쇠의, 철의, 철분의, 강고한

fértil adj. 비옥한, 기름진

festejar tr. 축하하다, 환대하다

ficticio,cia adj. 가공의, 허구의

fiesta f. 축제, 제전

figura f. 형상, 모습, 생김새, 인물

fijación f. 고정, 부착

fila f. 열, 대열

filosofía f. 철학

filósofo,fa adj. 철학의, 철학적인; m.f. 철학자

fin m. 끝, 종말, 목적

final adj. 끝의, 최후의, 궁극의; m. 끝, 결말, 종국

finalizar tr. 끝마치다; 끝내다, 다하다

financiero,ra adj. 금융의, 재정의; m.f. 금융인

fingir tr. 꾸미다, 빙자하다

fino,na adj. 질이 우수한, 정교한, 세밀한, 가는

firme adj. 굳은, 견고한, 부동의

flamante adj. 빛나는, 번쩍이는

flor f. 꽃

florecer intr. 개화하다, 꽃이 피다, 번창하다

fluir intr. (액체가) 흐르다, 흘러나오다

forjador,ra adj. 쇠를 벼리는; m.f. 쇠를 벼리는 사람

forma f. 모양, 형태, 형상

formación f. 형성, 구성

formal adj. 형식의, 형식적인

formar tr. 형태를 이루다, 형성하다, 조직하다, 구성하다

fortaleza f. 요새, 성채, 힘, 용기

fortuna f. 행운

fracasar intr. 실패하다, 좌절하다

fracaso m. 실패, 좌절

fraccionar tr. 나누다, 분할하다, 분류하다

fragmento m. 파편, 조각, 단편, 발췌

fraile m. 수도사

francés,sa adj. 프랑스(Francia)의; m.f. 프랑스 사람; m. 프랑스어

franquista adj. 프랑코주의자의; m.f. 프랑코주의자

frase f. 구(句), 어구, 문구

fratricida adj. 형제를 죽인; m.f. 형제살해자

frecuente adj. 잦은, 빈번한

frenar tr. 억제하다, 제동하다

freno m. 브레이크, 재갈

frente m.f. 이마, 얼굴, 앞쪽, 정면

fresa f. 딸기

fresco,ca adj. 서늘한, 상쾌한, 신선한

frijol m. 강낭콩

frío,a adj. 추운, 찬, 차가운; m. 추위

frontera f. 국경, 경계

fructuoso,sa adj. 효과적인, 유리한

frustración f. 실패, 실망, 미수

frustrar tr. 실패로 돌아가게 하다

fruto m. 과실, 열매, 결실

fuego m. 불, 불꽃, 포화, 격렬

fuente f. 샘, 우물, 분수, 원천

fuerte adj. 강한, 강력한, 튼튼한; m. 요새, 장점; adv. 강하게, 세게

fuerza f. 힘, 견고함, 권력

fuga f. 도망, 탈주

fundación f. 설립, 건립, 창립, 재단

fundar tr. 세우다, 수립하다, 창립하다

fusilamiento m. 총살

fusilar tr. 총살하다

futurista adj. 미래파의; m.f. 미래파 예술가

futuro,ra adj. 미래의; m. 미래

g

gafa f.(pl.) 안경

galleta f. 비스킷, 과자

gama f. 계(界), 등급, 음역(音域), 색계(色界)

ganado m. 목축, 가축, (가축의) 떼

ganador,ra adj. 취득하는, 돈을 버는; m.f. 승리자

ganar tr. 벌다, 이문을 얻다, 이기다

Géminis m. 쌍둥이좌

generación f. 세대, 생식, 산출, 종족

general adj. 전반적인, 전체적인, 일반적인, 보편적인; m. 장군, 장성

generosidad f. 관대, 아량, 친절, 고결

generoso,sa adj. 관대한, 너그러운

genial adj. 천재적인, 기발한

gente f. 사람들

gentilicio,cia adj. 민족의, 국가의, 지명의, 가세의, 혈통의

geografía f. 지리, 지리학

geográfico,ca adj. 지리의, 지리적인

geógrafo,fa m.f. 지리학자

geometría f. 기하학

gesto m. 제스처, 태도, 몸짓

gigante adj. 거대한; m.f. 거인

gigantesco,ca adj. 거대한

gimnasia f. 체조

gimnasio m. 체육관

gimotear intr. 찔찔 울다, 훌쩍훌쩍 울다

gloria f. 영광, 영예

glorioso,sa adj. 영예로운, 영광스러운

gobernador,ra adj. 통치하는, 다스리는; m.f. 통치자

gobernar tr. 다스리다, 지배하다, 통치하다

gobierno m. 통치, 지배, 정부

golpe m. 때리기, 구타, 충격

gótico,ca adj. 고딕식의; m. 고딕 양식

gozar intr. (~de) 향유하다, 즐기다, 기뻐하다, 행복을 누리다

gracias interj. 감사 합니다

gramática f. 문법

grande adj. 커다란, 훌륭한, 위대한; m.f. 위인, 고관

grandioso,sa adj. 웅대한, 거대한, 장대한, 장려한

granero m. 곡창, 곡창지대

grano m. 곡식 낟알, 알갱이; (pl.) 곡식

griego,ga adj. 그리스(Grecia)의; m.f. 그리스 사람; m. 그리스어

gris adj. 회색의; m. 회색

grito m. 외침, 절규

grupo m. 그룹

guapo,pa adj. 잘생긴, 귀여운

guaraní adj. 과라니족의; m. 과라니어

guerra f. 전쟁

guerrilla f. 게릴라, 비정규군

guiar tr. 인도하다, 안내하다

guiso m. 삶은 것

guitarra f. 기타

gustar tr. 맛보다, 좋아하다

gusto m. 취향, 기쁨

H

habitación f. 방

habitante m. 주민, 거주자

hablador,ra adj. 수다스러운, 말이 많은; m.f. 수다쟁이

hablante adj. 말하는; m.f. 화자(話者), 말하는 사람

hablar intr. 말하다, 이야기하다

hacedor,ra adj. 만드는; m.f. 제작자, 작자

hacer tr. 하다, 만들다

hacia prep. ~쪽으로, ~쪽에, ~경, ~무렵

hallar tr. 찾아내다, 발견하다, 조사하다, 살피다

hallazgo m. 발견

hambre f. 배고픔, 굶주림

hasta prep. ~까지

hechizo,za adj. 속임수의; m. 주술, 마법

hecho,cha adj. 완성한, 다 된; m. 일, 사실, 사건

helicoide m. 나선형, 나선체

herida f. 상처, 부상

hermano,na m.f. 형제, 자매

hermoso,sa adj. 아름다운, 예쁜, 고운

héroe m. 영웅

heroísmo m. 영웅적 행위

herradura f. 말발굽, 편자

herreriano,na adj. 후안 데 에레라(Juan de Herrera)의

hidalgo,ga m.f. 이달고, 하급귀족

hielo m. 얼음

hijo,ja m.f. 아들, 딸

hiperbólico,ca adj. 쌍곡선의

hiperboloide m. 쌍곡선형, 쌍곡선체

hispano,na adj. 스페인의

hispanoamericano,na adj. 스페어 권 아메리카의; m.f. 스페인어 권 아메리카 사람

hispanohablante m.f. 모국어로써 스페인어를 말하는 사람

historia f. 역사, 역사학, 이야기, 실화

histórico,ca adj. 역사의, 역사학의, 역사적인

hogar m. 집, 가정, 아궁이, 부엌, 모닥불

hoguera f. 화톳불, 모닥불

hoja f. 잎, (종이, 판자, 철판의) 장, 잎

hombre m. 사람, 남자, 어른

homenaje m. 경의, 존경, 복종

hondo,da adj. 깊은, 심오한

honor m. 명예, 영광, 예우

hora f. 시간, 시각

horario,ria adj. 시각의, 시간의; m. 시간표

horizontalidad f. 수평, 수평성

horizonte m. 수평선, 지평선

horóscopo m. 점성술, 징조, 전조

horror m. 공포, 혐오

hostil adj. 적국의, 적대적인

hotel m. 호텔

hoy adv. 근일, 오늘, 지금, 현재

huelga f. 파업

hueste f. 군대

huevo m. 계란

huir intr. 달아나다, 도망가다, 벗어나다

humanidad f. 인류, 인간성, 자비, 자애

humanístico,ca adj. 인본주의적인, 인문학의, 인도주의적인

humano,na adj. 인간의, 인간적인; m. 인간

humeante adj. 연기가 나는, 김이 나는

humedecer tr. 적시다, 젖게 하다

húmedo,da adj. 습기 찬, 습한

humilde adj. 낮은, 천한, 겸손한

humor m. 유머, 기질, 기분

humorístico,ca adj. 유머가 풍부한, 익살맞은

I

ibérico,ca adj. 이베리아(Iberia)의; m.f. 이베리아 사람

ida f. 가는 일, 가기

idea f. 사상, 관념, 생각

ideal adj. 이상의, 이상적인, 관념적인

idealismo m. 이상주의, 관념론, 이상

idealista adj. 이상주의의; m.f. 이상주의자

identidad f. 정체성, 동일함, 일치

ideográfico,ca adj. 표의문자의, 상형의

ideológico,ca adj. 이념적인, 관념적인, 사상적인

idioma m. 언어

iglesia f. 교회

ignorar tr. 모르다, 알지 못하다, 무시하다

igual adj. 같은, 동등한

igualdad adj. 같음, 동등, 평등

ilustrar tr. 그리다, 삽화를 넣다, 계발하다

imagen f. 모양, 형상, 상

impacto m. 충격, 영향, 충돌

impedir tr. 방해하다, 막다, 저지하다

imperio m. 제국

implantar tr. 부식하다, 심다, 유행시키다

importancia f. 중요, 중요성

importante adj. 소중한, 중요한

importar tr. 수입하다

imposible adj. 불가능한, 참을 수 없는, 감당할 수 없는

imposición f. 강압, 부과, 과세

impuesto,ta adj. 부가된; m. 세금, 과세

impulsar tr. 밀어내다, 몰아내다, 독촉하다

impulsivo,va adj. 충동적인, 추진의

inaugurar tr. 시작하다, 개시하다

inca m.f. 잉카족의 사람

incaico,ca adj. 잉카족의

incalculable adj. 계산할 수 없는

incertidumbre f. 불안, 초조

incesto m. 근친상간

incipiente adj. 처음의, 초보의

inclinación f. 기울기, 경사, 경향, 의향

inclinar tr. 기울이다, 내리다; intr. 경향을 가지고 있다

incluir tr. 포함하고 있다, 품다

incluso,sa adv. 동봉하여, 포함하여; adj. 포함된; m. 동봉, 봉입물

incomparable adj. 비할 데 없는, 견줄 데 없는

incorporar tr. 통합하다, 합치다, 편입하다

increíble adj. 믿을 수 없는, 굉장한

indefenso,sa adj. 무방비의, 의지할 곳 없는

independencia f. 독립, 자주, 자치, 무소속

independiente adj. 독립의, 자치의, 남에게 의지하지 않는, 독자적인

indígena adj. 토착의, 원주민의; m.f. 원주민, 토박이

indio,dia adj. 인도의, 아메리카 원주민의; m.f. 인디오, 아메리카 원주민

indispensable adj. 필수 불가결한, 절대 필요한

índole f. 본질, 기질, 성질

industria f. 산업, 공업, 솜씨, 교묘함

industrial adj. 산업, 공업의; m. 실업가, 제조업자

inexpugnable adj. 함락되지 않는 , 난공불락의

infantil adj. 유아의, 유년시절의, 어린애 같은, 철없는

infierno m. 지옥

influencia f. 영향, 영향력, 감화력, 작용

influir intr. 영향을 미치다, 작용하다, 감응하다

información f. 알림, 통지, 정보, 소식, 보도

informar tr. 알리다, 보고하다

ingeniero m. 공학자, 기술자

ingente adj. 거대한

inglés,sa adj. 영국(Inglaterra)의; m.f. 영국사람; m. 영어

ingreso m. 들어가는 일, 가입, 수입, 소득

iniciar tr. 시작하다, 개시하다

inicio m. 시작, 처음, 발단

injusticia f. 불법, 부정

injusto,ta adj. 옳지 못한, 부당한, 편파적인

inmediato,ta adj. 바로 이어진, 인접의, 즉시의

inmenso,sa adj. 광대한, 무한한, 막대한

inmigración f. 이민, 입국이민

inmigrante adj. 이주하는, 입국하는; m.f. 입국 이민자

inmortal adj. 죽지 않는, 불멸의

innumerable adj. 무수한, 셀 수 없는

inolvidable adj. 잊을 수 없는, 잊혀 지지 않는

insatisfacción f. 불만, 불쾌

insertar tr. 삽입하다, 끼워 넣다

insignia f. 깃발, 배지

insistente adj. 집요한, 끈덕진

instalación f. 시설, 설비, 설치, 정주(定住)

instalarse tr. 설비하다, 설치하다, 거주지를 정하다

instante adj. 간절한, 특별한; m. 임시, 잠시, 순간

institución f. 제도, 설립, 제정, 시설, 기관

instrumento m. 도구, 기구, 수단, 방편

intacto,ta adj. 흠 없는, 순수한, 아직 손대지 않은

integrar tr. 완전하게하다, 구성하다

intelectual adj. 지적인, 지식이 있는; m.f. 지식인

inteligente adj. 지식이 있는, 총명한

intenso,sa adj. 센, 깊은, 집중적인

intentar tr. 꾀하다, 시도하다

intento,ta m. 시도, 의도, 목적

interés m. 이로움, 이익, 이해관계, 관심

interesante adj. 흥미 있는, 재미있는

interesar tr. 관심을 끌다, 흥미를 가지게 하다, 관여시키다

ínterin m. 틈, 대행 기간; adv. 그럭저럭하는 사이에

interior adj. 가운데의, 내심의, 내부의, 국내의

intermediario,ria adj. 중간의, 중개의; m.f. 중개업자, 중재자

internacional adj. 국제의, 국제적인

internar tr. 수용하다; intr. 들어가다

interno,na adj. 내부의; m.f. 기숙생, 인턴

interpretar tr. 해석하다, 판단하다, (음악 등을) 연주하다

intérprete m.f. 통역관, 해설자, 연주자

íntimamente adv. 친밀하게, 친숙하게

intriga f. 음모, 책략

intrincado,da adj. 뒤얽힌, 복잡한

intuitivo,va adj. 직관적인

invadir tr. 쳐들어가다, 침해하다

invaluable adj. 평가할 수 없는, 귀중한

invasión f. 침입, 침략

inventario m. 재산목록, 상품목록, 재고정리

investigador,ra adj. 연구하는; m.f. 연구자, 조사자

invierno m. 겨울

invitación f. 초청, 초대

invitar tr. 초대하다

involucrar tr. 넣다, 포함하다, 삽입하다

ir intr. 가다

irrealidad f. 비현실성

isla f. 섬

isleño,ña adj. 섬의, 섬에 사는; m.f. 섬사람

islote m. 작은 섬

italiano,na adj. 이탈리아(Italia)의; m.f. 이탈리아 사람; m. 이탈리아어,

izquierda f. 왼쪽, 좌측, 왼손, 좌익

izquierdista adj. 좌파의, 좌익의; m.f. 좌익주의자

J

jacobeo,a adj. 사도 야곱(Jacobo)의
jalonar tr. 푯말로 표를 하다, 이정표를 만들다
jamás adv. 결코 ~ 하지 않다
jamón m. 하몬, 햄
jefe m. 장(長), 우두머리
jeroglífico,ca adj. 상형문자의; m. 상형문자
jinete m. 기수, 창기병
jónico,ca adj. 이오니아(Jonia)식의
jornada f. 일정, 여정
joven adj. 젊은; m.f. 젊은이
jovial adj. 명랑한, 활발한, 쾌활한
judío,a adj. 유태인의; m.f. 유태인
juego m. 놀이, 유희, 경기
juerga f. 떠들썩한 술잔치, 흥청거림
jugador,ra adj. 노는, 유희의; m.f. 선수, 도박사
jugar intr. 놀다, 장난하다, 경기를 하다, 도박하다
jugo m. 즙, 주스
jugoso,sa adj. 즙이 많은
julio m. 7월
junio m. 6월
junta f. 회, 의회
junto,ta adj. 함께한, 동봉한; adv. 함께, 곁에
juntura f. 이음매, 접합점
jurídico,ca adj. 법률의, 법률상의

K

kilogramo m. 킬로그램
kilómetro m. 킬로미터

L

labor f. 일, 업무, 작업
lacustre adj. 호수의
lado m. 옆, 곁, 옆구리, 측면
lago m. 호수
lamentar tr. 탄식하다, 유감으로 생각하다; intr. 슬퍼하다, 유감이다
lanza f. 창(槍)
lanzamiento m. 발사
lanzar tr. 던지다, 발사하다
largo,ga adj. 긴, 기다란; m. 길이
latín m. 라틴어
latinoamericano,na adj. 라틴아메리카의; m.f. 라틴아메리카 사람
latitud f. 위도
leal adj. 충실한, 성실한, 진실한
lealtad f. 충실, 성실
leche f. 우유, 젖
lectura f. 읽기, 독서, 강독
leer tr. 읽다, 독서하다
lejos adv. 멀리, 아득히, 멀리 떨어져
lengua f. 혀, 말, 언어
lenguaje m. 말, 언어
Leo m. 사자자리, 사자좌, 사자궁

león m. 사자

levantar v. 올리다, 일으키다, 세우다

leyenda f. 전설, 이야기

liberación f. 해방, 석방

liberal adj. 자유로운, 자유주의의; m.f. 자유주의자

liberar tr. 해방시키다, 면제하다

libertad f. 자유, 석방

libertador,ra adj. 해방하는; m.f. 해방자

libertinaje m. 방종, 방탕

libra f. 파운드; L~ 천칭자리

libre adj. 자유로운, 한가한, 무료의

librería f. 서점, 책방

libreta f. 은행통장

libro m. 책, 서적

licuar tr. 액화하다, 녹이다

liderado,da adj. 지도적인

ligero,ra adj. 가벼운, 날렵한

limeño,ña adj. 리마(Lima)의; m.f. 리마 사람

limitado,da adj. 한정된, 좁은

límite m. 끝, 한계

limón m. 레몬

línea f. 선, 줄, 열

lingüístico,ca adj. 언어의, 언어학의

literario,ria adj. 문학의, 문학적인

literatura f. 문학

llamado,da adj. ~라 불리는, 소위, 이른바

llamar tr. 부르다

llamativo,va adj. 남의 눈을 끄는

llanura f. 평원

llegada f. 도착, 도래, 당도

llegar intr. 도착하다, 도래하다

lleno,na adj. 가득 찬, 넘치는, 충만한

llevar tr. 운반하다, 데리고 가다

llorar intr. 울다, 눈물을 흘리다

llovizna f. 보슬비

lluvia f. 비(雨)

local adj. 지방의, 국부의; m. 점포

locura f. 광기, 실성

lograr tr. 얻다, 성취하다

longitud f. 길이, 세로

lucha f. 싸움, 투쟁, 결투

luchar intr. 싸우다, 노력하다, 애쓰다

lucir tr. 비추다; intr. 빛나다, 반짝이다

lucro m. 벌이, 이익

luego adv. 후에, 뒤에; conj. 그러므로, 그러기에

lugar m. 곳, 장소

luminosidad f. 광명

lunar adj. 달의

lunes m. 월요일

madera f. 목재

madre f. 어머니, 모체

madurez f. 성숙

magia f. 마술, 마력

magistral adj. 스승의, 권위 있는

magnitud f. 중요, 광대함, 크기, 사이즈

maíz m. 옥수수

majestuosidad f. 장엄, 위엄

majestuoso,sa adj. 장엄한, 당당한, 의젓한
mal adv. 나쁘게; m. 악
malestar m. 불쾌, 번거로움
malo,la adj. 나쁜, 악랄한
maltrato m. 학대, 냉대
mañana adv. 내일; f. 아침
manar intr. 솟아나오다, 풍부하다
manchego,ga adj. 라만차 지방의; m.f. 라만차 지방 사람
mandar tr. 보내다, 명령하다
mandarina f. 밀감, 귤
mando m. 지휘(권), 명령
manera f. 방법, 양식
manierismo m. 매너리즘
manifestación f. 표명, 표시, 시위, 데모
manifestante m.f. 시위자, 데모참가자
manifestar tr. 나타내다, 밝혀내다
manifiesto,ta adj. 명백한, 분명한; m. 성명서, 격문
mano f. 손(手)
mantener tr. 유지하다, 받치다, 부양하다
mantenimiento m. 유지, 부양
mantequilla f. 버터
manzana f. 사과(과일), 구획
mapa m. 지도
mar m. 바다; M~ Mediterráneo 지중해
maravillar tr. 놀라게 하다, 경탄케 하다
marchar intr. 떠나다, 행진하다
marinero,ra adj. 뱃사람의; m. 해군, 선원
marino,na adj. 바다의, 해양의
marítimo,ma adj. 바다의, 해양의
marrón adj. 밤색의
marzo m. 3월
más adv. 보다 더, 더욱; adj. 더 많은
matar tr. 죽이다, 살해하다, 끄다
materia f. 원료, 재료, 제재
material adj. 물자의, 물질의; m. 재료, 원료
máximo adj. 최고의, 최대의
maya adj. 마야족의; m. f. 마야족 사람
mayo m. 5월
mayor adj. 더 큰, 연상의; m. 어른, 연장자
mayoría f. 대부분, 대다수
mayormente adv. 주로, 일반적으로, 대체로 (=principalmente)
mazamorra f. 옥수수 가루로 만든 과자
me pron. 나를, 나에게
mediano,na adj. 중간쯤의, 평범한
mediante prep. ~을 통하여
medicina f. 약, 의학
medida f. 계량, 측정, 조치, 방책, 치수, 저울
medio adj. 절반의, 평균의; m. 반, 절반, 수단
mediodía m. 정오
medir tr. 재다; intr. 치수를 재다
mediterráneo,a adj. 지중해의, 내해의; m. M~ 지중해
mejor adj. 더 좋은; adv. 더 좋게, 더 낫게
mejorar tr. 좋게 만들다, 개선하다; intr. 개선되다, 좋아지다
melodía f. 멜로디, 선율
melón m. 멜론, 참외
memoria f. 기억, 회상, 추억, 기념
mención f. 언급, 진술
mencionar tr. 언급하다, 거론하다, 서술하다
menina f. 시녀
menor adj. 더 작은, 연하의, 미성년의; m.f. 미성년자

menos adv. 보다 덜, 더 적게; adj. 더 적은, 더 어린

mental adj. 마음의, 정신적인, 지적인

mercado m. 시장, 시황

merecedor,ra adj. 가치가 있는

merecer tr. 받을만하다; intr. ~의 가치가 있다.

merengue m. 메렝게(춤, 음악)

mero,ra adj. 단순한

mes m. 달, 1개월

meseta f. 고원

mestizaje m. 혼혈, 혼혈인

mestizo,za adj. 혼혈의; m.f. 혼혈아

metro m. 지하철

metrópoli f. 대도시, 중심 도지

metropolitano,na adj. 대도시의

mexicano,na adj. 멕시코의; m.f. 멕시코 사람

México 국명 멕시코

mezcla f. 혼합, 혼종, 혼혈

mezclar tr. 혼합하다, 섞다

mi adj. 나의

mí pron. 나(에게, 를 위해, 로 인해 등)

miedo m. 무서움, 두려움, 공포

miel f. 꿀

miembro m. 멤버, 회원

mientras adv. ~이지만; conj. ~하는 동안

miércoles m. 수요일

migración f. 이주, 이민

mil adj. 1,000의; m. 1,000

milenio m. 천년의 기간

milicia f. 군, 군대

militar adj. 군의, 군대의; m. 군인

millón m. 백만, 많음

mineral adj. 광물의; m. 광물

minero,ra adj. 광업의; m.f. 광부, 광산업자

minoría f. 소수, 소수파, 소수민족

minuto,ta adj. 작은, 세밀한; m. 분(시간)

mío,ía adj. 나의; pron. 나의 것

mirar tr. 보다, 바라보다; intr. 향해 있다

mismo,ma adj. 같은, 동일한, 자신의

mitad f. 반, 절반

mito m. 신화, 전설

modelo m. 모형, 모델

moderado,da adj. 온건한, 온화한, 적절한

moderar tr. 절제하다, 적절하게 만들다

modernidad f. 현대성, 근대성

moderno,na adj. 근대의, 현대의

modo m. 방법, 형식, 태도

modular tr. 조절하다, 조정하다

molestar tr. 귀찮게 하다, 애먹이다, 못살게 굴다

molido adj. 가루가 된, 가루의

molino m. 맷돌(풍차), 제분기구

momento m. 순간, 시기, 때

monarca m. 군주, 제왕

monarquía f. 군주국, 군주제

moneda f. 화폐, 동전, 통화

mongólico,ca adj. 몽골의

monopolio m. 전매(권), 독점(권)

montaña f. 산, 산악

montañoso,sa adj. 산의, 산악지형의

monumental adj. 기념비적인, 뛰어난, 불후의

morada f. 주거지, 거처

morado,da adj. 보라색의; m. 보라색

morcilla f. 모르시야 (순대)

moreno,na adj. 가무잡잡한, 갈색의; m.f. 갈색인종

morir intr. 죽다, 다하다, 꺼지다

moro,ra adj. 무어인의; m.f. 무어인
mostrar tr. 보이다, 나타내다, 명시하다
movimiento m. 이동, 움직임, 동작, 운동
mozárabe adj. 모사라베의; m.f. 모사라베인
mucho,cha adj. 많은, 숱한; adv. 많이, 무척
muerte f. 죽음, 파멸
muerto,ta adj. 죽은, 사망한; m. 사망자, 시체
mujer f. 여자, 아내
multiplicación f. 증가, 배가(倍加)
multiplicar tr. 늘리다, 곱하다
mundial adj. 세계의, 세계적인
mundo m. 세계, 세상, 지구
muñeco m. 인형
mural adj. 벽의; m. 벽화
muralista adj. 벽화의; m.f. 벽화가
muro m. 담, 벽, 성벽
museo m. 박물관, 미술관
músico,ca adj. 음악의, 음악적인; m.f. 음악가
muslo m. 넓적다리
musulmán,na adj. 이슬람교의; m.f. 이슬람교도
muy adv. 매우, 무척, 대단히

N

nacer intr. 태어나다, 생기다, 시작되다
nacimiento m. 출생, 기원, 기점
nacionalidad f. 국적
nacionalismo m. 국가주의, 민족주의
nacionalista adj. 민족주의의; m.f. 국가주의자, 민족주의자
nada pron. 아무 것도
nadar intr. 수영하다
nadie pron. 아무도
náhuatl m. 나와뜰어
napoleónico,ca adj. 나폴레옹의
naranja f. 오렌지
natación f. 수영, 헤엄
natalidad f. 출생률
natural adj. 자연의, 가공되지 않은, 선천적인
nave f. 배, 선박
navegación f. 항해, 항해술
navegante adj. 항해의; m.f. 항해자
navegar intr. 항해하다, 인터넷 서핑을 하다
Navidad f. 크리스마스, 성탄절
necesario,ria adj. 필요한, 필수적인
necesitar tr. 필요로 하다; intr. 필요가 있다
negar tr. 거절하다, 부정하다
negativo,va adj. 거절의, 부정의
negocio m. 업무, 일, 거래, 장사, 사업
negro,ra adj. 검은, 흑인의; m.f. 흑인; m. 검은색
neoclasicismo m. 신고전주의
nevado,da adj. 눈 덮인, 눈이 쌓인
nevar intr. 눈이 내리다, 눈이 오다
ni conj. 접속사 y의 부정형 (=y no)
nieve f. 눈(雪)
ninguno adj. 어떠한 것도 아닌; pron. 아무도
niño,ña adj. 어린, 유치한; m.f. 어린이
nivel m. 수준, 레벨, 수면
noble adj. 고귀한, 귀족의; m.f. 귀족
nobleza f. 고상, 숭고함, 기품, 귀족(계급)

noche f. 밤, 저녁
nocturno,na adj. 밤의, 야간의
nombrado,da adj. 유명한
nombramiento m. 명명, 임명
nombrar tr. 명명하다, 임명하다
nombre m. 이름, 성명, 명칭
nopal m. 노팔(선인장의 일종)
noreste m. 북동쪽
normal adj. 보통의, 정상적인
noroeste m. 북서쪽
norte m. 북쪽
norteamericano,na adj. 북미의; m.f. 북미 사람
nosotros pron. 우리
nostalgia f. 향수(鄕愁), 회향병
noticia f. 알림, 기사, 뉴스
novela f. 소설, 허구
novia f. 연인, 신부
noviembre m. 11월
nudo m. 매듭, 연결, 마디
nuestro,ra pron. 우리의
nueve adj. 아홉의; m. 아홉
nuevo,va adj. 새로운, 신규의
número m. 수, 번호
numeroso,sa adj. 다수의, 수많은
nunca adv. 결코 ~이 아니다 (부정어)
nutrir tr. 부양하다, 영양을 공급하다

O

o conj. 또는
o(b)scuro,ra adj. 어두운, 암담한
oasis m. 오아시스
obelisco m. 오벨리스크
obispo m. 주교
objetivo,va adj. 객관적인; m. 목표, 목적
objeto m. 목적, 목표, 목적어
obra f. 작품, 공사
obrero,ra adj. 일하는, 노동의; m.f. 노동자, 직공
observatorio m. 기상대, 관측소
obtener tr. 얻다, 획득하다, 달성하다
ocasionado,da adj. 야기된
ocasionar tr. 야기하다, 원인이 되다
occidental adj. 서쪽의, 서양의; m.f. 서양인
occidente m. 서양
océano m. 대양, 대해; O~ Atlántico 대서양, O~Pacífico 태평양
ocho adj. 여덟
ocioso adj. 여가의, 한가로운
octágono,na adj. 팔각형의; m. 팔각형
octubre m. 10월
oculto,ta adj. 숨은, 보이지 않는
ocupación f. 점령, 용무, 일
ocupado,da adj. 점유된, 바쁜
ocupar tr. 차지하다, 점거하다
ocurrir intr. 발생하다, (사건이) 일어나다
odio m. 증오, 혐오
oeste m. 서쪽
oficial adj. 공적인, 정식의, 공식적인; m. 관

리, 사관, 장교

oficina f. 사무실, 관청

ofrecer tr. 바치다, 제공하다

ofrenda f. 봉납, 헌금, 공물

oír tr. 듣다, 경청하다

ojo m. 눈, 안구

oligarquía f. 소수 정치 · 정부

olvidado,da adj. 망각된, 잊혀진

ombligo m. 배꼽, 중앙, 중심

once adj. 11, 열하나

ONU f. 국제연합 (Organización de las Naciones Unidas의 약자)

operístico,ca adj. 오페라의, 가극적인

opinar intr. 생각하다, 의견을 내다

oportunidad f. 기회, 호기

opositor,ra adj. 반대(파)의; m.f. 반대자

optimista adj. 낙관적인, 낙천주의의; m.f. 낙천주의자, 낙관론자

opuesto,ta adj. 반대의, 마주하는

oral adj. 구두의, 입의

orden m.f. 순서, 정돈, 질서; 명령

ordenado,da adj. 정돈된, 순서가 바른

ordenar tr. 가지런히 하다, 정돈하다, 명하다, 주문하다

organizado,da adj. 조직된, 편성된

organizar tr. 조직하다, 편성하다

orgullo m. 긍지, 자부심, 거만

oriental adj. 동양의, 동쪽의; m.f. 동양인

origen m. 근원, 시작, 기원, 원산지

original adj. 으뜸의, 독창적인, 신기한; m. 원본

originar tr. 일으키다, 야기 시키다

orilla f. 가장자리, (강, 바다 등의) 변

ornamentación f. 꾸밈, 장식

ornamentado,da adj. 장식된, 꾸며진

ornamentar tr. 꾸미다, 장식하다

oro m. 금, 황금

orografía f. 산악지

os pron. 너희들을, 너희들에게

oscilar intr. 흔들리다, 동요하다

oscuridad f. 어둠, 무지, 불분명

oscuro adj. 어두운, 암담한

otoño m. 가을

otro,tra adj. 다른, 별개의; pron. 타인, 또 하나, 또 한 사람

oveja f. 양(동물)

P

pacífico,ca adj. 온화한, 조용한, 평온한

pactar tr. 협정하다, 조약을 체결하다

padecer tr. (해를) 입다, 겪다; intr. (병에) 걸리다, 앓다

padre m. 아버지, 부친, 신부님

pagano,na adj. 이교의, 무지한; m.f. 이교도

pagar tr. 지불하다; intr. 돈을 지불하다

país m. 나라, 국가

paisaje m. 풍경

pájaro m. 새, 조류

palabra f. 단어, 말

palacio m. 왕궁

pampa f. 팜파, 대평원

pamplonés,sa adj. 팜플로나(Pamplona)의; m. f. 팜플로나 사람

pan m. 빵

pandereta f. 작은 탬버린

pañuelo m. 손수건, 수건

papel m. 종이

papelería f. 문구점, 지물포

paquete m. 소포, 포장

par adj. 짝의, 쌍의; m. 한 쌍

para prep. ~을 위해, ~을 향해

paraboloide m. 포물선형, 포물선체

paradigma m. 본보기, 예, 표본

parcial adj. 부분적인, 일부의

parecer intr. ~인 것 같다, ~로 보이다

parecido,da adj. 닮은, 비슷한; m. 비슷한 점, 닮은 점

parque m. 공원, 유원지

parrilla f. 석쇠

parroquia f. 교구 교회

parte f. 부분, 일부

participación f. 참여, 참가

participante m.f. 참가자, 참여자

participar intr. 참여하다, 참가하다

particular adj. 특별한, 독특한, 개인의, 사적인

partidario,a adj. ~편의; m.f. 같은 편, 찬성자

partido,da adj. 나누어진, 분열된, 깨진; m. 정당, 운동경기

partir tr. 나누다, 쪼개다; intr. 출발하다

pasaporte m. 여권

pasar tr. ~을 통과하다, (기간)을 보내다; intr. 조과하나, 통과하나, 발생하나

pasear intr. 산보하다, 산책하다

paseo m. 산보, 산책

pasión f. 열정, 감흥; P~ (예수의) 수난

pasividad f. 수동성

paso m. 지나가기, 통행, 이행, 통로

pastel m. 케이크

patria f. 조국, 고국

patrimonial adj. 물려받은, 세습의

patrio,ria adj. 조국의, 부계의

patriota m.f. 애국자

paulatino,na adj. 완만한, 점진적인, 점차적인

peatonal adj. 보행자의

pedir tr. 부탁하다, 요구하다, 주문하다

pekinés,sa adj. 베이징의, 북경의

peligro m. 위험

peligroso,sa adj. 위험한

pelo m. 털, 수염, 머리카락

pena f. 형벌, 고통, 슬픔, 괴로움

península f. 반도

peninsular adj. 반도의; m.f. 반도인

pensar tr., intr. 생각하다

peor adj. 보다 나쁜; adv. 보다 나쁘게

pequeño,ña adj. 작은, 사소한, 어린

pera f. 배(과일)

perder tr. 잃다, 지다

pérdida f. 손실, 손해, 상실, 소실

perdido,da adj. 잃어버린, 유실된

perdurar intr. 오래가다, 지속되다

peregrinación f. 순례

peregrino,na adj. 순례의; m.f. 순례자

perezoso,sa adj. 게으른, 나태한, 굼뜬

perfeccionar tr. 완벽하게 하다, 완성하다

perfecto,ta adj. 완전한, 완벽한

perfilar tr. ~의 윤곽을 잡다, ~의 측면도를

그리다,

perla f. 진주

permanecer intr. 정체하다, 머물다

permiso m. 허가, 인가, 허가증

permitir tr. 허락하다, 참다, 견디다

pero conj. 그러나, ~이지만

perro,rra m.f. 개, 강아지

persecución f. 추적, 추구, 박해, 학대

perseguir tr. 추적하다, 추구하다, 박해하다

persistente adj. 끈질긴, 완고한, 계속되는

persona f. 사람, 인칭

personaje m. 인물, 등장인물

personal adj. 사람의, 개인적인

personalidad f. 인격, 자아, 인품

perspectiva f. 투시, 관점, 배경, 전망

pertenecer intr. 속하다, 소속하다

peruano,na adj. 페루(Perú)의; m.f. 페루 사람

pesar tr. 무게를 달다; intr. 무게가 나가다

pescado m. 생선

pescar tr. ~을 낚다; intr. 낚시하다

peso m. 무게, 중량, 페소(화폐단위)

petardo m. 폭죽, 폭발통

petición f. 요구, 청원, 탄원

petróleo m. 석유

picar tr. (적은 양의 음식을) 먹다, 찌르다, (벌레, 뱀 등이) 물다

pico m. 부리, 주둥이, 뾰족한 것, 산정

pictográfico,ca adj. 상형 문자의

pictórico,ca adj. 회화(繪畫)의

pie m. 발

piedra f. 돌, 비석

piel f. 가죽, 피부, 껍질

pieza f. 조각, 부분, 부품

pimienta f. 후추

pináculo m. 첨탑(尖塔)

pinchar tr. 찌르다, 쏘다

pino m. 소나무

pintado,da adj. 채색한, 화장한

pintar tr. 색칠하다, 그리다; ~se 화장하다

pintor,ra m.f. 화가

pintura f. 그림, 화법, 페인트, 도료

pionero m.f. 선구자, 개척자

pirámide f. 피라미드

piscina f. 수영장

Piscis m. 물고기자리

pisco m. 피스코(술의 일종)

plan m. 계획, 도면

planetario,ria adj. 행성의; m. 천문관측소

plano,na adj. 평평한, 평면의; m. 평면, 도면

plasmar tr. 모양을 만들다

plata f. 은, 은화

plateresco,ca adj. 플라테레스크 양식의

platero,ra m.f. 은 세공자

plato m. 접시, 요리

playa f. 해변, 바닷가

plaza f. 광장, 자리, 좌석

pleno,na adj. 가득한, 충만한

plomo m. 납

plumbosis m. 납중독증

población f. 인구, 주민, 마을

poblar intr., tr. 거주하다, 식민하다; 거주시키다

pobre adj. 가난한, 불쌍한

pobreza f. 가난, 빈곤

poco adj. 조금의, 약간의; adv. 조금

poder tr. ~할 수 있다; m. 힘, 능력

poderío m. 힘, 권력
poderoso,sa adj. 강력한, 힘 있는, 강대한
poema m. 시(詩)
polilobulado,da adj. 여러 갈래 잎 모양의
Polinesia 지명 폴리네시아
política f. 정치, 정치학, 정책
político,ca adj. 정치의; m.f. 정치가
poliuretano m. 폴리우레탄
pollo m. 병아리
polvo m. 먼지, 가루, 분말
poner tr. 놓다, 넣다, 두다
popular adj. 민중의, 대중적인, 인기 있는
popularidad f. 인기, 평판, 통속성
populoso,sa adj. 인구밀도가 높은, 조밀한
por prep. ~때문에, ~를 통해, ~동안
porque conj. 왜냐하면, ~때문에
porteño,ña adj. 부에노스아이레스(Buenos Aires)의; m.f. 부에노스아이레스 사람
portuario,ria adj. 항구의, 항구도시의, 항만의
portugués,sa adj. 포르투갈(Portugal)의; m.f. 포르투갈 사람; m. 포르투갈 어
posar tr. 내려놓다; intr. 묵다, 숙박하다
poseer tr. 갖고 있다, 소유하다
posesión f. 소유, 취득, 점유
posible adj. 가능한, ~할 수 있는
posición f. 위치, 장소, 지위, 지세
posterior adj. 뒤의, 후의
postre m. 후식, 디저트
potencial adj. 힘 있는, 잠재적인; m. 능력, 잠재력
PP m. (스페인의)국민당 (Partido Popular의 약자)
práctica f. 실행, 실천, 연습
práctico,ca adj. 실지의, 실용, 실행적인

precio m. 가격, 가치, 시세
precioso,sa adj. 아름다운, 예쁜, 귀중한, 소중한
precipitar tr. 떨어뜨리다, 서둘다, 재촉하다
preciso,sa adj. 정확한, 바로 그대로의
precolombino,na adj. 콜럼부스 이전의, 아메리카 발견 이전의
precursor,ra adj. 선구의; m.f. 선구자
predecir tr. 예언하다, 예보하다
predicar tr. 설교하다, 훈계하다
predominante adj. 지배적인, 우세한
preferir tr. 선호하다, 더 좋아하다
preguntar tr. 묻다, 물어보다; intr. 질문하다
prehispánico, ca adj. (스페인)식민개척 이전의
preparar tr. 준비하다, 마련하다, 예습하다, 조제하다
preparativo,va adj. 준비의, 예비의; m. 준비(물)
presencia f. 출석, 출두, 출현, 모습
presentación f. 제출, 전시, 소개, 프리젠테이션
presentar tr. 제출하다, 내놓다, 소개하다
presente adj. 출석한, 현재의
presidencia f. 대통령직, 총재직, 의장직
presidente m. 대통령, 주재자, 총재, 의장
preso m. 포로
prestar tr. 빌려주다, (관심 등을) 기울이다
prestigio m. 명성, 세력
prevalecer tr. 우세하다, 압도하다, 이기다
primavera f. 봄
primero,ra adj. 첫째의, 제일의
primitivo,va adj. 원시의, 소박한, 근본의

primo,ma adj. 첫째의, 제일의; m.f. 사촌

principal adj. 주된, 주요한, 본질적인; m. 본거지

príncipe m. 왕자

principio m. 시작, 기원, 원리

prisionero,ra m.f. 포로, 죄수

privilegio m. 특권, 우선, 특허(권)

probable adj. 가능성 있는, 있을 법한

probar tr. 시험하다, 시도하다, 시식하다; ~se 입어 보다

proceder intr. 유래하다, 비롯되다, 시작되다

procesión f. 행렬, 행진

proceso m. 과정, 경과, 추이, 흐름

proclamar tr. 포고, 공포하다, 선언하다

producción f. 생산, 생산물

producir tr. 생산하다, 제작하다; ~se 발생하다, 일어나다

producto m. 생산품, 제품

profesor,ra m,f 교수, 교사, 선생

profético,ca adj. 예언의

profundidad f. 깊이, 깊은 곳

profundo,da adj. 깊은, 심오한

profuso,sa adj. 푸짐한, 많은

prohibir tr. 금하다, 저지하다

prolongar tr. 길게 하다, 늘이다

promedio m. 평균

promesa f. 약속, 소망, 기대

prometer tr. 약속하다

promovedor,ra adj. 장려하는; m.f. 장려자, 주창자

promover tr. 장려하다, 진흥시키다, 촉진하다

pronunciación f. 발음

propicio,cia adj. 적절한, 적당한, 친절한, 다정한

propiedad f. 소유(권), 성질

propietario,ria adj. 소유하는; m.f. 소유자, 지주

propina f. 팁, 봉사료

propio,pia adj. 독특한, 본래의, 특유의, 자신의

proporción f. 비례, 균형

proseguir tr. 계속해서 하다

próspero,ra adj. 번영하는, 융성한, 부유한

protagonista m.f. 주역, 주인공

protección f. 보호, 옹호, 비호

protector,ra adj. 보호의; m.f. 보호자

provecho m. 이익, 유용성

proveniente adj. ~에서 유래한

provenir intr. 유래하다, 나오다

provincia f. 주, 도, 지방

provisional adj. 임시의, 잠정적인

provocar tr. 유발시키다, 꾀하다, 자극하다

proximidad f. 가까움, 접근, 근접

próximo,ma adj. 인접한, 가까운, 다음의

proyecto m. 계획(안), 프로젝트

prueba f. 증거, 시험, 검증

PSOE m. 스페인사회노동당 (Partido Socialista Obrero Español의 약자)

publicar tr. 공표하다, 발행하다, 출판하다

público,ca adj. 공공의, 국가의

pueblo m. 마을, 촌락

puente m. 다리, 교량

puerta f. 문, 출입구

puerto m. 항구, 항구도시

puertorriqueño,ña adj. 푸에르토리코(Puerto Rico)의; m.f. 푸에르토리코 사람

pues conj. 왜냐하면, 그런데, 그래서

puesto,ta adj. 놓여진; m. 장소, 직위
pulido,da adj. 윤을 낸, 닦아놓은, 맑은
pulpa f. 과육
puñado m. 한줌, 소수, 소량
punto m. 점, 점수, 포인트
puro,ra adj. 순수한, 맑은; m. 권연(卷煙), 시거

Q

qué adj. 무슨, 무엇, 어떤; pron. 무엇, 무슨 일; adv. 얼마나
quebrantar tr. 부수다, 깨다, 쪼개다, 분쇄하다
quebranto m. 산산조각을 냄, 파괴, 손해, 손실
quechua adj. 케추아족의; m.f. 케추아족 사람; m. 케추아어
quedar intr. ~se 남다, 체류하다
quejarse prnl. (~de) ~을 탄식하다, 한탄하다, 불평하다
quemar tr. 굽다, 태우다; intr. 타는 듯이 덥다, 뜨겁다
querer tr. 좋아하다, 사랑하다, 바라다, 원하다
querido,da adj. 좋아하는, 친애하는; m.f. 애인, 좋아하는 사람
queso m. 치즈
quién pron. 누구, 어떤 사람
quince adj. 15의; m. 15
quinientos,tas adj. 500의; m. 500
quipus m. (고대 페루의)결승문자(結繩文字)
quitar tr. 제거하다, 치우다, 빼앗다

R

radio m. 반경, 라디오 수신기; f. 라디오 방송
raíz f. 뿌리, 근원
rango m. 지위, 신분
rapidez f. 신속, 민첩함, 급속, 속도
rápido,da adj. 빠른, 민첩한
raro,ra adj. 드문
rascacielos m. 마천루
rato m. 잠깐
raza f. 인종, 종족, 혈통, 계통
razón f. 까닭, 이유, 이성
real adj. 현실의, 실재의, 사실적인, 왕의
realidad f. 사실, 진실, 현실성, 실재
realista adj. 사실주의의, 사실적인, 왕당파의; m.f. 사실주의자, 현실주의자, 왕당주의자
realizar tr. 실현하다, 실행하다, 실시하다
rebelarse prnl. 반란을 일으키다, 모반하다
rebelión f. 반역, 모반, 반란
recargado,da adj. 과중한, 과도하게 장식한
rechazar tr. 거절하다, 거부하다
recibir tr. 받다, 얻다, (손님을) 맞다
recién adv. 막 ~한, 갓 ~한
reclamar tr. 항의하다, (권리로서) 요구하다; intr. 이의를 제기하다, 항의하다
recoger tr. 줍다, 모으다, 거두어들이다
recomendable adj. 추천할 만한
recomendar tr. 권하다, 추천하다
recompensar tr. 보상하다
reconciliación f. 화해, 조정
recóndito,ta adj. 속으로 감추어진, 깊숙이 숨겨진

reconocer tr. 인정하다, 인식하다, 승인하다

reconstruir tr. 재건하다, 회복하다

récord m. (경기 등의) 기록

recordar tr. 기억하다, 그리워하다

recordatorio m. 알림, 통지

recorrer tr. 쏘다니다, 보고 다니다, 광범하게 조사하다

rectangular adj. 직사각형의, 정방형의, 직각의, 네모난

recto,ta adj. 똑바른, 곧은, 직선의, 올바른

recuerdo m. 기억, 회상, 추억, 유품

recuperar tr. 되찾다, 회복하다; ~se (건강을) 회복하다

recurso m. 청원, 호소하는 일, 복원, 복귀, 수단, 방법; (pl.) 재산, 자원

red f. 망, 그물, 덫, 함정

redacción f. 편집, 편집국

reducido,da adj. 한정된, 근소한, 좁은

reducir tr. 줄이다, 요약하다, 감하다, 축소하다

reencarnar intr. 다시 육체를 얻다, 화신이 되다

referente adj. (~a) ~에 관한, 관하여

refinado,da adj. 정제된, 다듬어진

reflejo,ja adj. 반사하는, 반영된, 반사적인; m. 반사, 반영, 그림자

reflexionar tr. 고찰하다, 숙고하다, 반성하다; ~se (자신을) 되돌아 보다

reforma f. 개혁, 개정, 개량

reformar tr. 개혁하다, 다시 만들다

reforzar tr. 보강, 강화하다

refuerzo m. 보강, 보완

refugiar tr. 도망시키다, 수용하다

refugio m. 도피처, 피난소, 보호

regalar tr. 선물하다

regalo m. 선물

regente adj. 지배하는, 통치하는, 섭정의; m.f. 섭정

régimen m. 정권, 제도, 조직, 지배, 통치

región f. 지방, 지역, 지구

regional adj. 지방의, 지역의

regionalimo m. 지방주의, 지방분권주의, 지역주의

regir tr. 통치하다, 다스리다, 경영하다; intr. (법규 등이) 유효하다, 현행중이다

regla f. 법칙, 규칙, 원칙, 규율

regresar intr. 돌아가다, 돌아오다

regular adj. 규칙적인, 올바른, 정규의, 정식의, 보통의, 통상적인

rehén m. 인질

reina f. 여왕, 왕비

reino m. 왕국

relación f. 연결, 관계, 관련

relacionar tr. 관련시키다, 교제시키다, 이야기하다, 진술하다

relato m. 이야기, 담화

religión f. 종교

religioso,sa adj. 종교의, 종교적인, 믿음이 깊은, 경건한; m.f. 종교가, 승려

reliquia f. 유물, 유품, 유적

rellenar tr. 채워 넣다, 기입하다

rematado,da adj. 마감된, 끝나버린

remate m. 마감, 마무리, 결산

remojar tr. 축이다, 적시다

remontar tr. 거슬러 올라가다, 높이 올리다

renacentista adj. 르네상스의; m.f. 르네상스인

rendición f. 굴복, 항복

rendir tr. 때려눕히다, 항복시키다; ~se 항복하다, 포기하다

renunciar tr. 포기하다, 단념하다, 기권하다

reojo adv. (de ~) 곁눈질로

repartir tr. 분배하다, 배역을 정하다, 배달하다

reparto m. 분배, 할당, 배달

repetido,da adj. 잦은, 반복한

repetir tr. 반복하다

representante adj. 대표하는, 대리하는; m.f. 대표자, 대리인

representar tr. 나타내다, 보이다, 의미하다, 표현하다

representativo,va adj. 표현하는, 표시하는, 대표적인, 대리의

represión f. 제지, 억제, 억압

reprimir tr. 억제하다, 진압하다

república f. 공화국

republicano,na adj. 공화국의, 공화파의; m.f. 공화주의자, 공화국 국민

reputación f. 평판, 명성

requerir tr. 요구하다

resaltar intr. 빼어나다, 돌출하다, 두드러지다

resentimiento m. 원한, 섭섭함, 앙심

reservado,da adj. 예약된

reservar tr. 예약하다

resfriado,da adj. 감기에 걸린

residencial adj. 거주할 수 있는, 거주의, 주택용의

resignar tr. 사임하다, 양도하다, 단념하다

resistencia f. 저항, 항거

resistir tr. 저항하다, 참아내다; intr. 참다, 견뎌내다

respectivo,va adj. 저마다의, 각각의, 개개의

respiración f. 호흡

respirar intr. 호흡하다, 숨을 쉬다

responder tr. 답하다; intr. 대답하다

respuesta f. 대답, 응답

restaurante m. 레스토랑

restaurar tr. 회복하다, 되찾다

resto m. 나머지, 잔여, 잉여; (pl.) 유물, 유골

resuelto,ta adj. 결연한, 단호한

resultar intr. 결과로 되다, 생기다, 야기되다

resurgimiento m. 부활, 재현, 소생

resurrección f. 부활

retablo m. 제단의 조각물

retirar tr. 치우다, 철회하다, (돈 등을) 인출하다; ~se 은퇴하다, 철수하다

reunir tr. 맺다, 합치다, 모으다; ~se 모이다, 결합하다

revestido,da adj. 덧씌워진, 덧입혀진

revestir tr. 입히다, 씌우다, 덧칠하다, 꾸미다

revolución f. 혁명

revolucionario,ria adj. 혁명의, 반란의; m.f. 혁명가

revuelta f. 혼란, 소란, 싸움, 혁명

rey m. 왕, 국왕

rico,ca adj. 부유한, 풍부한, 맛있는; m.f. 부자

río m. 강

riqueza f. 부, 풍부, 부유, 풍성함

risa f. 웃음

ritmo m. 리듬, 박자

rito m. 의식(儀式)

rival adj. 경쟁자의; m.f. 경쟁자

rivalidad f. 경쟁, 맞겨룸

rizado,da adj. 곱슬곱슬한

roca f. 바위

rociado,da adj. 이슬에 젖은

rociar tr. 이슬이 맺히다, 촉촉이 적시다; intr. 이슬에 적시다, (물 등을) 흩뿌리다

rococó adj. 로코코 양식의; m. 로코코 양식

rodear tr. 둘러싸다, 에워싸다

rojo,ja adj. 붉은; m. 빨강

romance adj. 로망스어의, 라틴어 계열의; m. 로망스어

romanticismo m. 낭만주의

romántico,ca adj. 낭만적인, 낭만주의의; m.f. 낭만주의자

romper tr. 부수다, 쪼개다, 찢다, 무찌르다

rondalla f. 악대, 밴드

ropa f. 옷, 의류

rosado,da adj. 장미색의, 장미를 넣은

roto,ta adf. 쪼개진, 부서진

rubio,bia adj. 금발의; m.f. 금발의 사람

ruedo m. 회전, 바퀴, (투우장의) 모래사장

rugido m. 울부짖는 소리

ruina f. 붕괴, 몰락; (pl.) 폐허

rumbo m. 방향, 방위, 코스, 루트

rumor m. 소문, 풍문

rural adj. 시골의; m. 시골사람

ruta f. 길, 노선, 항로, 여정

S

sabana f. 대초원, 평원

saber tr. 알다; intr. 알고 있다; m. 지식

sabor m. 맛, 운치

sabroso,sa adj. 맛있는

sacar tr. 뽑다, 꺼내다, 추출하다

sacerdote m. 사제, 신부, 성직자

sacrificio m. 희생, 공물

sacudir tr. 흔들다

sagitario m. 궁병(弓兵); C~ 사수자리

sagrado,da adj. 성스러운, 거룩한

sala f. 방, 실내, 실(室)

saldo m. 잔고, 잔액

salida f. 출구, 출발지, 나가기

salir intr. 나가다, 나오다, 출발하다

salón m. 큰 홀, 회의실

salsa f. 소스(양념), 살사(춤, 음악)

salvaje adj. 야생의, 거친

salvo,va adj. 무사한, 탈이 없는; adv. ~을 제외하고

sanar tr. 치료하다, 고치다; ~se 낫다

sandía f. 수박

sangre f. 피

sano,na adj. 건강한, 건전한, 안전한

santo,ta adj. 성(聖), 신성한; m.f. 성인

sarcástico,ca adj. 빈정대는, 비꼬는

satisfacer tr. 만족시키다, 기쁘게 하다; ~se 만족하다

saturnismo m. 납중독증

sazonado,da adj. 양념이 된

secesionista adj. 분리파의, 탈퇴론의; m.f. 분리주의자, 탈퇴론자

seco,ca adj. 마른, 건조한

secreto,ta adj. 비밀의, 기밀의, 은밀한; m. 비밀

sector m. 지구, 방면, 계(界)

secuela f. 결과
sede f. 본거지, 본부, 본청, 본점
seguido,da adj. 계속된, 잇따른, 이어지는
seguidor,ra adj. 추종하는, 따르는; m.f. 추종자
seguir tr. 따르다, 추종하다, 계속하다; intr. 그대로 따르다, 계속해 하다
según prep. ~에 의하여, ~에 의하면
segundo,da adj. 두 번째의
seguridad f. 안전, 안보, 확실, 보증
seguro,ra adj. 안전한, 확실한; m. 보험
seis adj. 6의; m. 6
selectivo,va adj. 선택의, 선택적인
selecto,ta adj. 선택된, 가려 뽑힌
selva f. 밀림
selvático,ca adj. 밀림의, 조악한, 거칠고 촌스러운
semana f. 주, 주간
semanal adj. 주의, 주간의
semejante adj. 비슷한, 닮은; m. 비슷한 것
semicírculo m. 반원형
semilla f. 씨, 종자
señalar tr. 지적하다, 가리키다
seno m. 오목한 것, 품, 한복판, 내부
señor m. 신사, 주인
señora f. 부인, 여주인
sensual adj. 관능적인, 육감적인
sentado,da adj. 앉은
sentar tr. 앉히다, 착석시키다; ~se 앉다
sentido,da adj., m. 의미 있는, 감정이 서린; 의미, 의지, 느낌, 감각
sentimental adj. 감상적인, 다정다감한
sentimiento m. 느낌, 정, 감격
sentir tr. 느끼다, 깨닫다
separado,da adj. 갈라진, 떨어진
separar tr. 나누다, 떼어놓다, 분리시키다
separatista adj. 분리파의, 분리주의의; m.f. 분리주의자
septiembre m. 9월
sepulcro m. 묘, 무덤
ser intr. ~이다
serie f. 일련, 계열, 시리즈
seriedad f. 고지식함, 진지함
serio,ria adj. 진지한, 엄숙한
serpiente f. 뱀
serrano,na adj. 산맥의, 산의
servicio m. 섬기는 일, 모시는 일, 봉사
servir intr. 섬기다, 봉사하다, 도움이 되다
sesenta adj. 60의; m. 60
severo,ra adj. 엄격한, 근엄한
seviche m. 세비체(요리)
si conj. 만약 ~이라면
siempre adv. 언제나, 늘, 항상
sierra f. 산맥
siesta f. 낮잠
siete adj. 7의; m. 7
sífilis f. 매독(梅毒)
siglo m. 세기(世紀)
significar tr. 의미하다, 뜻하다, 나타내다
siguiente adj. 따르는, 다음의
silencioso,sa adj. 침묵의, 고요한, 조용한
silla f. 의자
silvestre adj. 야생의, 들의, 미개한
simbólico,ca adj. 상징적인, 기호의
simbolizar tr. 상징하다
símbolo m. 상징, 기호

simetría f. 조화, 대칭, 균형
simétrico,ca adj. 조화된, 균형을 이룬
similar adj. 비슷한, 유사한
simpático,ca adj. 상냥한, 친절한
simple adj. 단순한, 간단한
sin prep. ~없이, ~없는, ~이외에
sincero,ra adj. 성실한, 진실한
sinfín m. 무한, 무수
sino conj. ~이 아니라, ~이외에는
sirviente,ta adj. 봉사하는; m.f. 봉사자, 종, 하인
sísmico,ca adj. 지진의
sistema m. 시스템, 제도, 조직, 기구, 계통
sitiar tr. 포위하다
sitio m. 장소, 곳, 포위
situación f. 상황, 정세, 상태
situado,da adj. 위치한, 있는
situar tr. 위치를 정하다, 배치하다, 놓다
soberanía f. 주권, 통치권
sobre prep. ~의 위에, ~에 대해
sobrenombre m. 별명
sobresalir intr. 돌출하다, 튀어나오다, 빼어나다, 뛰어나다, 두드러지다
sociable adj. 사교적인, 붙임성이 있는
social adj. 사회의, 사회적인
socialista adj. 사회주의의; m.f. 사회주의자
sofocar tr. 질식시키다, (불 등을) 끄다
soja f. 콩, 대두(大豆)
sol m. 태양, 햇살, 햇빛
solamente adv. 다만, 오직
solar adj. 태양의
soldado m. 병사, 군인
solemne adj. 엄숙한, 장엄한
solicitar tr. 간청하다, (무엇을) 얻고자 노력하다
sólido,da adj. 굳은, 단단한, 견실한
solo adv. 다만, 단지, 오직
solo,la adj. 오직 하나의, 단일의, 외로운, 고독한
someter tr. 굴복시키다, 굴종시키다, 진압하다; ~se 굴복하다
sometimiento m. 정복, 평정, 굴종
sonido m. 소리, 음, 음향
sonrisa f. 미소
soñar tr. 꿈꾸다; intr. 꿈꾸다, 그리워하다
soportar tr. 견디다, 참다, 받치다
sorprender tr. 놀라게 하다, 불의에 습격하다; ~se 놀라다
sorpresivo,va adj. 뜻밖의, 생각지도 않은
sostener tr. 받치다, 지지하다, 유지하다
suavizar tr. 부드럽게 하다, 매끄럽게 하다
súbdito,ta adj. 휘하의, 예속된; m.f. 부하, 신하
subestimar tr. 과소평가하다, 무시하다
sublevar tr. 선동하다, 궐기시키다
subordinado,da adj. 종속된; m.f. 부하, 휘하
subtropical adj. 아열대의
suceder intr. (사건 따위가) 일어나다, 생기다, ~이 일어나다
suceso m. 사건, 일어난 일, 때의 경과
suculento,ta adj. 맛이 좋은, 자분이 풍부한
sudamericano,na adj. 남아메리카의; m.f. 남아메리카 사람
sudoeste m. 남서쪽
suelo m. 지면, 바닥
suelto,ta adj. 자유롭게 된, 풀어 놓은; m. 잔돈
sueño m. 꿈, 환상, 잠들기, 수면

suficiente adj. 충분한

sufrimiento m. 고통, 고뇌

sufrir tr. 고뇌하다, 괴로워하다, (어떤 일을) 당하다, 겪다

sujeto,ta adj. 붙잡힌, 속박된, 꼼짝 못하게 된; m. 주어

suma f. 총계, 합계

sumergir tr. 잠수시키다, 가라앉히다

superficie f. 면, 표면

superior adj. 위의, 높은, 상위의, 우위의, 뛰어난; m. 상사, 윗사람

superposición f. 겹쳐놓기

supremo,ma adj. 최고의, 지고의

supuesto,ta adj. 가정의, 가상적인, 추정적인; m. 가정, 가설

sur adj. 남쪽의; m. 남쪽, 남부

sureste m. 남동쪽

suroeste m. 남서쪽

suscitar tr. 꼬드기다, 선동하다, 유발하다

suspiro m. 한숨

T

tabaco m. 담배

tabasco m. 타바스코 소스

tal adj. 그런, 그러한; pron. 그런 것, 그런 일; adv. 그런 식으로, 그렇게

tamaño,ña adj. ~만한 크기의, 아주 커다란; m. 크기, 사이즈

también adv. 또한, 역시 (이다)

tampoco adv. 또한, 역시 (아니다) (=también no)

tango m. 탱고(음악, 춤)

tanque m. 탱크, 통

tapa f. 뚜껑, 덮개, 책의 표지; (pl.) 타파스(안주)

tardar intr. 늦어지다, 시간이 걸리다, 더디다

tarde f. 오후; adv. 늦게

tardío,a adj. 느린, 시기적으로 늦은

tarjeta f. 카드, 명함, 패

tarta f. 케익

tasa f. 비율

Tauro m. 황소자리

taxista adj. 택시의; m.f. 택시운전수

teatro m. 극장, 연극

techumbre f. 지붕

técnica f. 기술, 기법

tela f. 천, 직물, 막

telecomunicación f. 원거리 통신, 텔레커뮤니케이션

teléfono m. 전화, 전화기

telenoticia f. 텔레비전 뉴스

televisión f. 텔레비전

temeroso,sa adj. 무서워하는, 겁에 질린, 소심한

temperamental adj. 체질의, 기질상의

templanza f. 절제, 절도, 온난, 온화

templo m. 신전, 사원, 전당

tendencia f. 경향, 추세, 풍조

tenebrismo m. 명암대비화법, 테네브리즘

tenebrista adj. 테네브리즘의; m.f. 테네브리즘 화가

tener tr. 가지다, 가지고 있다

tenis m. 테니스

teoría f. 이론, 학설

tercero,ra adj. 세 번째의; m. 제 3자, 타인

terminar tr. 끝내다, 종결시키다

término m. 용어, 종말, 지역, 기간

terrateniente m.f. 지주

terremoto m. 지진

terreno,na adj. 땅의, 토지의, 지상의, 현세의; m. 토지, 지면, 장소, 곳

terrible adj. 무서운, 지독한, 굉장한

territorio m. 영토, 국토, 영지

tesoro m. 보물, 보배

testimoniar tr. 입증하다, 증명하다

textil adj. 직물의, 방직의, 섬유의

texto m. 원문, 본문, 교과서

tez f. 안면, 얼굴의 살결

tiempo m. 때, 시간, 시대, 계절, 기회

tienda f. 상점, 가게, 텐트, 천막

tierno,na adj. 연한, 부드러운, 어린

tierra f. 땅, 대지, 지구, 육지, 흙

tigre m. 호랑이

tímido,da adj. 소심한

típico,ca adj. 전형적인, 특유의

tipo m. 전형, 타입, 원형

tirar tr. 던지다, 쏘다, 발포하다

tiro m. 투척, 던지기, 발사, 발포

título m. 표제, 타이틀, 직함, 명목

tocar tr. 만지다, 연주하다

todavía adv. 아직

todo,da adj. 모든, 온갖; pron. 모든 것, 모두; adv. 그야말로, 완전히

tolteca adj. 톨테카 족의; m.f. 톨테카 족 사람; m. 톨테카 어

tomar tr. 쥐다, 잡다, 얻다, 점령하다, 차지하다, (음식이나 음료수를) 먹다, 마시다

tomatazo m. 토마토의 부딪침, 토마토로 때리기

tomate m. 토마토

tonelada f. 톤

toro m. 황소, 사나운 소

tortura f. 고문

tosco,ca adj. 엉성한, 조잡한, 거친, 우락부락한, 세련되지 못한

total adj., m. 전체의, 합계의, 완전한; 합계, 총액, 총계

totalidad f. 전체, 전부, 총액

trabajador,ra adj. 일을 잘하는, 열성의, 근면한; m.f. 일꾼, 노동자

trabajar intr. 일하다, 근무하다, 노동하다

trabajo m. 일, 노동, 작업

tradición f. 전통, 관습

tradicional adj. 전통의, 전통적인

traducir tr. 번역하다

traer tr. 가지고 오다

tráfico m. 교통, 교통량

tragedia f. 비극, 참사

traidor,ra adj. 배반하는; m.f. 배반자, 변절자

transeúnte adj. 통과하는, 지나치는, 일시적인; m.f. 통행인, 통과하는 사람

tránsito m. 통행, 경유

transmitir tr. 보내다, 전하다, 옮기다

trasladar tr. 옮기다, 전입시키다; ~se 이사하다

tratamiento m. 다루기, 대우, 조치

tratar tr. 다루다, 취급하다, 처리하다

trazar tr. (선을) 긋다, 설계하다, 제도하다

tren m. 기차, 열차

trepanación f. 두개골에 구멍을 뚫고 행하는 수술

tres adj. 3의; m. 3
tribu f. 종족, 부족
tributo m. 공물, 조세
trigo m. 밀
tripulación f. (집합적으로) 승무원
tripulante m.f. 승무원
triste adj. 슬픈, 쓸쓸한
tristeza f. 슬픔, 비애
triunfal adj. 승리의, 승리한, 의기양양한
triunfar intr. 승리하다, 이기다, 개선하다
triunfo m. 승리, 개선, 대성공
trono m. 옥좌, 왕좌, 성좌
tropa f. 집단, 무리, 군대, 패거리
tropical adj. 열대의
trozo m. 조각, 단편(斷片)
trueno m. 천둥, 우뢰
tuberculosis f. 폐결핵
tumba f. 묘, 무덤
tuna f. 참치; T~ 투나(스페인의 전통 노래패)
tunesco,ca adj. 투나의
turismo m. 관광, 관광 사업
turista m.f. 관광객
turno m. 차례, 순서, 순번

U

ubicación f. 위치, 소재, 배치, 설치
ubicar tr. 설치하다, 두다, 배치하다; ~se 있다, 위치하다

último,ma adj. 최후의, 마지막의, 궁극의, 최근의, 최신의
único,ca adj. 유일한
unidad f. 단일, 단일성, 단위, 일치, 통일
unido,da adj. 뭉친, 결합한, 마음이 맞는
unificador,ra adj. 통일된, 단일화된
unificar tr. 통합하다, 통일하다, 단일화 하다; ~se 통일되다, 통합되다
unión f. 결합, 합병
unir tr. 합하다, 병합하다, 연결시키다; ~se 합쳐지다, 하나가 되다
universal adj. 보편적인, 전반적인, 만국의, 전 세계적인
universidad f. 대학교
universitario,ria adj. 대학의; m.f. 대학생
uno,na adj. 하나의; m. 하나, 한 개
urbanístico,ca adj. 도시화의, 도심의
urbano,na adj. 도시의, 시내의
usar tr. 쓰다, 사용하다
usufructo m. 수익, 이익
utensilio m. 도구, 가구, 집기
utilizar tr. 이용하다, 활용하다
uva f. 포도

V

vaca f. 암소
vacación f. 휴식; (pl.) 방학, 휴가
vacilar intr. 흔들리다, 동요하다, 주저하다,

망설이다

vacuno,na adj. 소(牛)의

vale interj. 좋아!, 됐어!

valenciano,na adj. 발렌시아(Valencia)의; m.f. 발렌시아 사람

valer intr. 가치가 있다

valeroso,sa adj. 용감한, 가치 있는

valle m. 계곡, 골짜기

vanguardista adj. 아방가르드의, 전위주의의; m.f. 아방가르드 예술가, 전위주의자

variable adj. 변하기 쉬운, 변화되기 쉬운, 불안정한, 가변성의

variante adj., f. 변하는, 바뀌는; 이본(異本)

variar tr. 바꾸다, 변경하다; intr. 바뀌다, 변화하다

vario,ria adj. 여러 가지의, 다양한

variopinto,ta adj. 형형색색의, 여러 가지 색깔의

vasco,ca adj. 바스크 지방의; m.f. 바스크 사람; m. 바스크 어

vasto,ta adj. 광대한, 넓은

vecindad f. 인근, 부근, 이웃, 이웃사람들

vecino,na adj. 이웃의, 가까운; m.f. 이웃 사람

velocidad f. 속도

vencedor,ra adj. 승리의; m.f. 승리자

vencer tr. 이기다; intr. 승리하다

veneciano,na adj. 베네치아(Venecia)의; m.f. 베네치아 사람

venerar tr. 존경하다, 숭배하다

venganza f. 보복, 복수

vengar tr. 보복하다, 복수하다

venir intr. 오다

venta f. 판매, 매각, 객줏집, 여관

ventana f. 창, 창문

ventanal m. 큰 창문

ventanilla f. 창구, 작은 창문

ventero,ra m.f. 객주집 주인

ver tr. 보다

verano m. 여름

verdad f. 사실, 진실, 진리

verdadero,ra adj. 진짜의, 참된, 진실한

verde adj. 녹색의; m. 녹색, 초록색

verdor m. 신록, 생기, 청춘

verídico,ca adj. 사실의, 진실의, 진실성이 있는

verificar tr. 실증하다, 입증하다, 증명하다

versátil adj. 융통성이 있는, 변하기 쉬운

versión f. 버전, ~판(版), 소견

verticalidad f. 수직, 수직성

vertiente adj. 흐르는; f. 경사지, 사면

vestimenta f. 의복

vestuario m. 의상

vez f. 번, 차례

viajar intr. 여행하다

viaje m. 여행

víctima f. 희생, 제물, 희생물, 피해자

victoria f. 승리, 승전

victorioso,sa adj. 승리한, 이긴, 의기양양한

vida f. 목숨, 생명, 생활

vidriera f. 유리창

vidriería f. (집합적으로) 유리류, 유리공장

viejo,ja adj., m.f. 늙은, 오랜, 묵은; 노인

viento m. 바람

vigésimo,ma adj. 20번째의, 20등분의; m. 20분의 1

vigilar intr. 지키다, 감시하다, 경계하다

villa f. 마을, 시가지, 별장

vincular tr. 결합하다, 연결시키다

vínculo m. 연결, 인연, 유대

vino m. 포도주

violencia f. 폭력, 폭행, 난폭, 테러

violento,ta adj. 폭력적인, 난폭한

violeta m. 보랏빛; f. 오랑캐꽃

virgen adj. 처녀의, 동정의, 순결한, 순수한; f. 처녀, 동정녀

Virgo m. 처녀자리, 처녀궁

virreinato m. 부왕 관구, 부왕령

virrey m. 부왕

visión f. 보는 일, 시각, 비전, 견해, 환영

visitante adj. 방문하는; m.f. 방문객

visitar tr. 방문하다

víspera f. 전날, 전야, 직전

vista f. 시력, 시각, 시선, 전망

vitalicio,cia adj. 종신의; m. 종신연금

víveres m.(pl.) 식료품, 양식

vivienda f. 집, 주거, 숙소

vivir intr. 살다, 거주하다

vivo,va adj. 살아 있는, 생명이 있는

vocablo m. 용어, 낱말

vocabulario m. (집합적으로) 용어, 어휘

vocal adj. 소리의, 음성의; f. 모음

vocálico,ca adj. 모음(母音)의

voluntad f. 뜻, 의지, 의욕

voluntario,ria adj. 자발적인

volver tr. 되돌아가다

voz f. 목소리, 소리, 외침, 음

vuelo m. 날기, 비행, ~편(便)

vuelta f. 회전하기, 선회, 돌아옴

vuelto,ta adj. 돌아간, 뒤집힌; m. 거스름돈

vulgar adj. 상스러운, 천한, 비속한, 품위 없는, (상류 사회에 대하여) 민중의, 대중의

vulnerable adj. 흠이 있는, 취약한

y conj. 그리고, ~와(과)

ya adv. 이미, 벌써

yeso m. 석고

yuca f. 유카(식물)

yugo m. 굴레, 멍에, 속박

Z

zócalo m. 대(臺), 반석, 기초; Z~ (멕시코 시의) 대광장

zona f. 지역, 지대, 구역

zumo m. 즙, 액, 주스

사진출처

〈2과〉

p.12 스페인 관광청(La paella)

〈3과〉

p. 14 스페인 관광청(Patios de Córdoba)

〈4과〉

p.27 스페인 관광청(El jamón)

〈5과〉

p. 28 스페인 관광청(La Plaza de toros, Sevilla)

〈6과〉

p.42 스페인 관광청(El flamenco)

〈7과〉

p.45 스페인 관광청(La Plaza de Cibeles)

〈9과〉

p. 60 스페인 관광청(El Real Monasterio de Santo Tomás, Ávila)

〈10과〉

p.69 스페인 관광청(Los Sanfermines/ Las Fallas/ La Tomatina)

〈12과〉

p.87 페루대사관(Los indios)

p.92 http://commons.wikimedia.org/wiki/File:Kon-Tiki.jpg (Kon-Tiki)

〈13과〉

p.102 http://commons.wikimedia.org/wiki/File:Paz0.jpg (Octavio Paz)

p.102 http://commons.wikimedia.org/wiki/File:Mariovargasllosa.jpg (Mario Vargas Llosa)

〈15과〉

p.115 http://commons.wikimedia.org/wiki/File:Christopher_Columbus3.jpg (Cristóbal Colón)

p.121 http://commons.wikimedia.org/wiki/File:Cantino_planisphere_(1502).jpg (Tratado de Tordesillas)

〈16과〉

p.125 http://commons.wikimedia.org/wiki/File:El_Greco_Nobleman_self-portrait.JPG (El cabellero de la mano en el pecho)

p.127 http://commons.wikimedia.org/wiki/File:Velazquez-Meninas.jpg (Las Meninas)

p.129 http://commons.wikimedia.org/wiki/File:Francisco_de_Goya_y_Lucientes_-_The_Clothed_Maja_(La_Maja_Vestida)_-_WGA10045.jpg (La maja vestida)

〈17과〉

p.140 페루대사관(Las líneas de Nazca)

〈20과〉

p.162 스페인 관광청(Ávila)

p.163 스페인 관광청(Los peregrinos)

p.169 http://commons.wikimedia.org/wiki/File:Diego_Vel%C3%A1zquez_-_Las_Meninas_(detail)_-_WGA24450.jpg (Orden de Santiago)

〈21과〉

p.170 스페인 관광청(La Colegiata de Santa María de Gandía)

p.182 http://commons.wikimedia.org/wiki/File:Pancho_villa_horseback.jpg (Pancho Villa)

http://commons.wikimedia.org/wiki/File:Obreg%C3%B3n_Salido,_%C3%81lvaro.jpg (Álvaro Obregón)

http://commons.wikimedia.org/wiki/File:Emiliano_Zapata_-_LOC.jpg (Emiliano Zapata)

〈22과〉

p.184 스페인 관광청(La Catedral de Valencia)

p.185 스페인 관광청(La Mezquita de Córdoba)

스페인 관광청(La Iglesia de la Vera Cruz de Segovia)

p.189 스페인 관광청(La Catedral de Sevilla)

p.190 스페인 관광청(La fachada de la Universidad de Salamanca)

p.191 스페인 관광청(La Alhambra)

〈24과〉

p.205 http://upload.wikimedia.org/wikipedia/commons/f/ff/Araia_05.jpg (Guernica)

〈25과〉

p.219 스페인 관광청(La Plaza de España)

p.225 스페인 관광청(Las casas colgadas)

※ 위에 표기되지 않은 자료는 집필진이 저작권을 가지고 있습니다.

초급 스페인어 강독

초판 발행	2007년 3월 10일
제1개정판 1쇄 발행	2011년 2월 20일
제2개정판 1쇄 발행	2013년 8월 30일
2쇄 발행	2014년 10월 30일
3쇄 발행	2017년 3월 17일
4쇄 발행	2021년 3월 2일

지은이	한국외대 스페인어통번역학과
발행인	윤성우 Director, University Knowledge Press
편집장	신선호 Executive Knowledge Contents Creator
전자책 · 도서편집	장혜린 Contents Creator
도서편집	이근영 Contents Creator
재무관리	조아라 Managing Creator
발행처	한국외국어대학교 지식출판콘텐츠원 02450 서울특별시 동대문구 이문로 107 전화 02)2173-2493~7 팩스 02)2173-3363 홈페이지 http://press.hufs.ac.kr 전자우편 press@hufs.ac.kr 출판등록 제6-6호(1969. 4. 30)
디자인 · 편집	(주)이환디앤비 02)2254-4301
인쇄 · 제본	(주)케이프린텍 053)313-3673

ISBN 978-89-7464-879-4 13770 정가 17,000원

*잘못된 책은 교환하여 드립니다.

HUiNE은 한국외국어대학교 지식출판콘텐츠원의 어학 및 사회과학도서 Sub Brand이다. 한국외대의 영문명인 HUFS, 현명한 국제전문가 양성의(International+Intelligent)의 의미를 담고 있으며, 휴인(携引)의 뜻인 '이끌다, 끌고 나가다'라는 의미처럼 출판계를 이끄는 리더로서, 혁신의 이미지를 담고 있다.